Das große One Pot Kochbuch

50 leckere One Pot Rezepte aus nur einem Topf

Miranda Göstram

ISBN-10: 1545539715

ISBN-13: 978-1545539712

Jahr der Veröffentlichung: 2017

Inhaltsverzeichnis

Haftungsausschluss

Der Inhalt dieses Buches wurde mit größter Sorgfalt erstellt und überprüft. Für die Vollständigkeit, Aktualität und Richtigkeit der Inhalte kann jedoch keine Garantie oder Gewähr übernommen werden. Der Inhalt dieses Buches repräsentiert die persönlichen Erfahrungen und Meinungen des Autors und dient nur dem Unterhaltungszweck.
Der Inhalt darf nicht mit medizinischer Hilfe verwechselt werden. Es wird keine juristische Verantwortung für Schäden übernommen, die durch kontraproduktive Ausübung oder Fehler des Anwenders entstehen.
Es kann auch keine Garantie für Erfolg übernommen werden. Der Autor übernimmt daher keine Verantwortung für das Nicht-Erreichen der im Buch beschriebenen Ziele.
Es können Links zu anderen Webseiten im Buch vorhanden sein. Es besteht kein Einfluss auf die Inhalte dieser Webseiten, daher kann für diese Inhalte keine Gewähr übernommen werden. Die Webseiten wurden zum Zeitpunkt der Verlinkung auf mögliche Rechtsverstöße überprüft. Für die Inhalte der verlinkten Webseiten ist der jeweilige Anbieter bzw. Betreiber verantwortlich. Zum Zeitpunkt der Verlinkung konnten keine rechtswidrigen Inhalte festgestellt werden.

Vorwort

Einfach, schnell und lecker kochen – beinahe ohne Abwasch?

Dann probieren Sie unbedingt einige unserer ausgewählten One Pot Rezepte.

One Pot Gerichte sind aktuell schwer in Mode, denn sie passen einfach perfekt zum Zeitgeist. Zum einen sind sie fast immer schnell und kinderleicht gezaubert, zum anderen ist ihre Vielfalt einfach viel zu verlockend, um sich nicht einmal ausgiebig mit dem Thema zu beschäftigen. Sie können als klassischer Eintopf nach Art „Hausmannskost" der ganz alten Schule daherkommen, oder aber es handelt sich um gewagte Kreationen aus experimentellen Küchen aus der ganzen Welt. Sie sind also sowohl „vintage" und etwas „alte Schule", als auch modern, verspielt und aufregend.

Mit anderen Worten: One Pot Gerichte sind kulinarisch im Trend. Hinzu kommt, dass sie die Arbeit in der Küche enorm erleichtern – Sie sparen sich nicht nur Abwasch, sondern auch Zeit. Währenddessen Ihre Mahlzeit auf dem Herd steht, können Sie beruhigt den Tisch decken und die Küche aufräumen. Und sobald Ihr Essen zubereitet ist, können Sie sofort servieren, ohne dass Sie anschließend das „kleine Schlachtfeld" in Ordnung bringen müssen.

Das Beste an diesen Rezepten ist, dass sie niemals weniger aktuell werden, als sie jetzt gerade sind. Es mag mal als modisch gegolten haben, plötzlich nur noch Thai oder Vietnamesisch zu kochen und ein halbes Jahr später plötzlich die orientalische Küche des nahen Ostens permanent auf den Tisch zu bringen. Aber wie das mit kulinarischen Modeerscheinungen so ist - man isst sich schnell satt daran – im wortwörtlichen wie im übertragenen Sinne. Und genau das wird Ihnen mit den hier vorgestellten Rezepten nicht passieren. Ihre Vielfalt ist enorm, hier wird auch über Kreuz gekocht („Crossover-Cooking" bezeichnet das Verschmelzen von unterschiedlichen Küchen in einem Gericht) und nicht zuletzt kann man mit ein wenig Erfahrung am Topf die Rezepte je nach Lust und Laune verändern, hier etwas hinzufügen oder da einfach mal etwas weglassen.

Wir haben für Sie 50 ganz unterschiedliche Rezepte zusammen getragen. Einige sind vegetarisch (V), manche sind mit teils deftiger Fleischeinlage oder leichten Meeresfrüchten und Fisch.

Wenn Sie sich mit der Materie „Kochen mit nur einem Topf" ein wenig befassen, dann können Sie kinderleicht die fleischhaltigen Gerichte einfach zu einer vegetarischen Mahlzeit verändern oder eben umgekehrt die vegetarischen Gerichte durch eine köstliche Fleischeinlage herzhafter gestalten – Wie immer nach Ihrem Belieben.

Und wenn Sie erst einmal einige der hier vorgestellten Gerichte selbst nachgekocht haben, dann haben Sie mit Sicherheit die nötigen Fähigkeiten erworben, um auch eigenständig One Pot Gerichte zu kreieren, die vollkommen Ihrer Vorstellungskraft entspringen und natürlich super schmecken werden.

Also lassen Sie uns keine Zeit verlieren – **Ran an den Topf!**

Bleibt mir nur noch, Ihnen viel Spaß beim Kochen zu wünschen. Ich freue mich, wenn es Ihnen schmeckt, wenn sie Freude beim Kochen haben und die Einfachheit der verschiedenen Gerichte genießen können.

Sie erwartet die einfache Zubereitung gepaart mit tollem und abwechslungsreichem Geschmack.

Ich wünsche Ihnen einen guten Appetit,

Ihre Miranda Göstram

50 Leckere One Pot Rezepte

Auf den folgenden Seiten finden Sie unsere Auswahl der leckersten One Pot Gerichte.

Diese wurden unterteilt in:

- **One Pot Pasta**
- **One Pot Reis**
- **One Pot Kartoffel**
- **One Pot´s der freien Kategorie**

Die angegebenen Portionen sind stets für 2 Personen gedacht. Sollten Sie für sich alleine oder für die gesamte Familie kochen, dann passen Sie die Rezepte eigenständig an, damit die gewünschte Menge bereitsteht.

Tipp: Sollte einmal etwas übrig bleiben, dann lagern Sie die Gerichte gern kühl und nehmen Sie diese am Folgetag beispielsweise mit auf Arbeit. Viele der Rezepte schmecken auch aufgewärmt sehr lecker.

Wie Sie sehen werden, wurde im Buch vollkommen auf Bildmaterial verzichtet, dies hat mehrere Gründe, die ich Ihnen zu Beginn gern erläutere:

1. Der Verzicht auf Bildmaterial regt die Fantasie beim Leser an, in diesem Falle bei Ihnen. So erzeugen Sie eine Mahlzeit, die Sie sich vor Ihrem geistigen Auge vorstellen – Durch diesen Effekt wird Ihnen Ihr One Pot Gericht nicht nur besser gefallen, sondern auch besser schmecken.
   Und sind wir ehrlich: Wann gelingt es schon einmal, dass die Mahlzeit am Ende so aussieht, wie auf dem Bild?

2. Es fallen geringere Bereitstellungs- und Druckkosten an. Diese Einsparung wird verwendet, um für Sie das Buch so kostengünstig wie möglich anbieten zu können.

Und jetzt nichts wie los:

Einkaufsliste schreiben und **Ran an den Topf!**

One Pot Pasta

In diesem Abschnitt entdecken Sie kulinarische Variationen mit der allseits bekannten „Nudel". Sie haben nun die Möglichkeit internationale Gerichte auszuprobieren, die sowohl für Vegetarier, Fleischliebhaber und Meerestier-Fans geeignet sind.

Freuen Sie sich auf:

Parmesan Pimp (V)

Diese One Pot Pasta ist so einfach wie genial. Fettuccine trifft auf edlen Parmesan – jeder Pasta-Freund kommt da sofort ins Schwärmen. Weniger ist eben doch mehr. Diese Pasta-Kreation ist auch für Vegetarier geeignet.

Zutaten

- 1 Esslöffel Olivenöl
- 0.375 Liter Milch
- 1 Teelöffel Gemüsebrühe
- 1 Knoblauchzehe (normal groß)
- ¼ Bund Petersilie
- 300g Fettuccine (Bandnudeln)
- 50g Parmesan (im besten Fall: frisch und am Stück)

Zubereitung

Knoblauch schälen und fein hacken und das Öl in einem Topf erhitzen. Anschließend den Knoblauch darin glasig andünsten.

½ Liter Wasser sowie die Milch dazu geben und die Gemüsebrühe unterrühren. Aufkochen lassen und die Fettuccine hinzufügen. Unter mehrmaligem Umrühren ca. 15 Minuten köcheln lassen (die Nudeln sollten am besten al dente werden).

In der Zwischenzeit die Petersilie waschen, abzupfen und klein schneiden. Den Parmesan mit einem Hobel grob hobeln.

Zum Ende der Garzeit die Petersilie und den Parmesan unter die Pasta rühren. Die Pasta sollte nicht schwimmen. Ist sie aber zu trocken, gerne noch etwas Wasser nachkippen.

Dann das Ganze mit Salz, Pfeffer und etwas Muskat abschmecken. Guten Appetit.

Zubereitungszeit

20 bis 25 Minuten

Nährwerte pro Person:

890 kcal | 125g Kohlenhydrate | 30g Fett | 51g Eiweiß

Fruchtige Mozzarella-Makkaroni al arrabiata

Hier kommt eine tomatige Mozzarella-Kreation auf den Tisch, die zwar einfach gedeckt, aber trotzdem voller Leckereien steht. Die fruchtige Pasta wird verfeinert durch ein bisschen leckeren Lachs und etwas Chili für die nötige Schärfe. Vegetarier können den Lachs auch einfach weg lassen. Schmeckt genauso gut.

Zutaten

- 1 x 425 g Dose gewürfelte Tomaten
- 1 Esslöffel Olivenöl
- 1 Knoblauchzehe
- ½ Zwiebel
- 2 Stiele Dill
- ½ Bund Kerbel
- ½ Esslöffel getrocknete italienische Kräuter
- ½ Teelöffel Chilipulver
- ½ Zitrone (oder Limette)
- 50g Schmand
- 100g Mozzarella
- 250g Makkaroni
- 200g Lachsfilet

Zubereitung

Knoblauch und Zwiebeln schälen, schneiden und fein hacken. Öl in einen Topf geben, erhitzen und Knoblauch und Zwiebeln darin andünsten. Kurz noch die italienischen Kräuter mitdünsten (ganz kurz, sie dürfen nicht anbrennen).

Mit den gestückten Tomaten und ½ Liter Wasser ablöschen. Aufkochen lassen, Salz hinzufügen und die Makkaroni dazugeben. Das Ganze etwa 5 bis 8 Minuten köcheln lassen. Hin und wieder umrühren.

In der Zwischenzeit den Lachs gut waschen und in ca. 2 cm große Stücke schneiden (würfeln). Salzen, pfeffern und die Zitrone darüber ausdrücken.

Nach der Garzeit der Pasta den Lachs hinzugeben und unterrühren und gute 3 bis 5 Minuten mit köcheln lassen. Zwischendurch das Chilipulver ebenfalls unterrühren.

Die Kräuter gut waschen und fein schneiden. Nach der Garzeit dann einfach mit dem Schmand und dem gestückelten Mozzarella sanft unter die Pasta mischen. Das Ganze vor dem Servieren nochmal mit Salz, Pfeffer und anderen Gewürzen (nach Belieben) abschmecken.

Zubereitungszeit

30 Minuten

Nährwerte pro Person:

840 kcal | 88g Kohlenhydrate | 35g Fett | 52g Eiweiß

Kürbis-Gorgonzola Spaghetti (V)

Schnell gemacht und doch pfiffig und gewagt – eine One Pot Pasta mit echtem Kult-Potential. Ohne Fleisch und doch vollmundig wie ein saftiges Steak. Und dabei auch noch so schön anzusehen.

Zutaten

- 375 ml Gemüsebrühe
- 2 Esslöffel Olivenöl
- 50g Schlagsahne
- 1 Knoblauchzehe
- ½ Bund frischer Basilikum
- ca. 700 g Kürbis (am besten Hokkaido)
- 50g Gorgonzola
- 200g Spaghetti (gerne auch Vollkorn)

Zubereitung

Knoblauch schälen und fein hacken. Den Kürbis schälen, entkernen und in ca. 1 cm große Stücke würfeln.

Öl in einem Topf erhitzen und den Knoblauch andünsten. Kürbis hinzugeben, gut verrühren und ca. 2 Minuten mitdünsten.

Die Gemüsebrühe hinzufügen. Die Spaghetti am besten einmal in der Mitte durchbrechen und darunter rühren. Danach etwa 7 Minuten zugedeckt köcheln lassen. In der Zwischenzeit den Gorgonzola zerkrümeln und den Basilikum waschen, zupfen und fein hacken.

Nach der Garzeit den Gorgonzola mit in den Topf geben und unterrühren. Weitere 2 Minuten köcheln lassen. Anschließend vom Herd nehmen und das Basilikum ebenfalls unterrühren.

Vor dem Servieren mit Salz und Pfeffer abschmecken.

Zubereitungszeit

20 Minuten

Nährwerte pro Person:

725 kcal | 100g Kohlenhydrate | 28g Fett | 19g Eiweiß

Zucchini „Champion“

Eine erdige Pasta für Pilz-Freunde, die den vollen Geschmack lieben. Dieses One Pot Gericht hat es wirklich in sich und ist Verführung und Gaumenfreude pur. Bringt einfach jeden zum Schwärmen.

Zutaten

- 70 ml Milch
- 300 ml Gemüsebrühe
- ½ Knoblauchzehe (nicht zu groß)
- ¼ Teelöffel getrockneter Thymian
- 1 guter Esslöffel Ricotta oder Frischkäse
- ½ kleine Zwiebel
- 1 Teelöffel Olivenöl
- 15 ml Weißwein
- 50g Katenschinken
- ½ (nicht zu große) Zucchini
- 130g Champignons
- 180g Tagliatelle

Zubereitung

Knoblauch und Zwiebeln schälen und klein würfeln. Das Öl im Topf erhitzen und beides darin glasig andünsten. Schinken würfeln und zufügen. Anschließend etwa 1 bis 2 Minuten anbraten.

Champignons schneiden und mit dem Thymian dazugeben und andünsten. Sobald die Pilze anfangen, Wasser zu lassen, das Ganze mit dem Weißwein ablöschen.

Die Gemüsebrühe und die Milch dazugeben und aufkochen. Tagliatelle hinzufügen und alles gut umrühren und solange bei mittlerer Hitze köcheln lassen, bis die Nudeln al dente sind (ca. 10 bis 12 Minuten).

In der Zwischenzeit die Zucchini schälen und klein würfeln. Kurz vor Ende der Garzeit kurz mit kochen. Dann den Topf vom Herd nehmen und den Ricotta (oder den Frischkäse) unterrühren und das Ganze mit Salz und Pfeffer abschmecken.

Vor dem Servieren gerne noch mit Parmesan und ein paar Chiliflocken bestreuen.

Zubereitungszeit

25 Minuten

Nährwerte pro Person:

360 kcal | 54g Kohlenhydrate | 8g Fett | 20g Eiweiß

Asia-Broccoli-Pasta

In diesem Pott geht's etwas asiatisch zu. Eigentlich ein typisches Crossover-Gericht, welches die westliche mit der asiatischen Cuisine verbindet. Ein geschmacklicher und optischer Volltreffer, der immer gut ankommt.

Zutaten

- 300g Champignons
- 200g kurze Nudeln (z. B. Makkaroni oder Spirelli)
- 300g Tatar oder Hähnchen-Hack
- 1 mittelgroße Zwiebel
- 1 Knoblauchzehe
- 400g Broccoli
- 700 ml Gemüsebrühe
- 2 Teelöffel Kokosöl
- 1 Teelöffel Sambal Olek

Zubereitung

Zwiebel und Knoblauch schälen und klein würfeln. Den Broccoli waschen und in kleine Röschen zerpflücken (oder schneiden). Champions putzen und nach Belieben klein schneiden.

Das Kokosöl im Topf erhitzen und darin das Fleisch braten. Es darf gerne etwas knusprig werden. Zwiebeln und Knoblauch zwischendurch hinzugeben und mit anbraten. Leicht salzen und pfeffern.

Dann das Fleisch mit der Gemüsebrühe ablöschen. Die Nudeln hinzufügen und gut durch rühren. Broccoli, Champignons und das Sambal Olek ebenfalls hinzugeben und alles zugedeckt ca. 12 bis 15 Minuten bei mittlerer Hitze köcheln lassen (Nudeln al dente). Zum Schluss mit Salz und Pfeffer abschmecken.

Zubereitungszeit

30 Minuten

Nährwerte pro Person:

750 kcal | 99g Kohlenhydrate | 17g Fett | 66g Eiweiß

Feurige Kirschtomaten-Spaghetti (V)

Einfach, aber genial – diese One Pot Pasta hat sowohl das fruchtige Etwas, als auch die nötige Schärfe, um ernst genommen zu werden. Schnell auf den Tisch gezaubert und genau der richtige Kandidat, um mal wieder die einfachen Freuden des kulinarischen Lebens zu würdigen.

Zutaten

- 200g Spaghetti (gerne auch Vollkorn)
- 170g Kirschtomaten
- frisches Basilikum
- 1 guten Teelöffel Tomatenmark
- 2 Knoblauchzehen
- ½ mittelgroße Zwiebel
- 500 ml Wasser
- 1 Esslöffel Olivenöl
- ½ Teelöffel Chiliflocken

Zubereitung

Zwiebeln und Knoblauch schälen und klein würfeln. Kirschtomaten waschen und halbieren oder vierteln. Basilikum waschen, die Blätter abzupfen und klein hacken.

Öl im Topf erhitzen und die Zwiebeln und den Knoblauch kurz andünsten. Mit den 500 ml Wasser ablöschen und aufkochen. Nudeln, Tomatenmark, Chili und etwas Salz hinzufügen und alles zusammen ca. 10 Minuten bei mittlerer Hitze köcheln lassen.

Die Kirschtomaten hinzufügen und das Ganze noch einige Minuten (bis die Spaghetti al dente sind) köcheln lassen. Umrühren nicht vergessen, damit die Nudeln nicht am Boden festkleben.

Vor dem Servieren mit Salz und Pfeffer abschmecken, mit dem Basilikum und nach Belieben mit geriebenem Parmesan garnieren.

Zubereitungszeit

20 Minuten

Nährwerte pro Person:

427 kcal | 72g Kohlenhydrate | 7g Fett | 15g Eiweiß

Pasta Grün-Weiß (V)

Es grünt so grün wenn Spaniens Blüten blühen – und wenn diese One Pot Pasta auf den Tisch kommt. Frisches, grünes Gemüse und echter Büffelmozzarella – dieses Gericht vereint zwei unterschiedliche Geschmackserlebnisse und macht daraus einen kulinarischen Traum.

Zutaten

- 1 kleine Knoblauchzehe
- ½ kleine Zwiebel
- 100g Broccoli
- 50g Erbsen (gern tiefgekühlt)
- frisches Basilikum
- ½ Zitrone
- ½ Zucchini
- 200g Nudeln (nach Belieben)
- 1 Esslöffel Olivenöl
- 250 ml Gemüsebrühe
- 300 ml Wasser
- 30g Parmesan
- 100g echter Büffelmozzarella

Zubereitung

Knoblauch und Zwiebeln schälen und klein würfeln. Broccoli in feine Röschen zerkleinern. Zucchini waschen, längs teilen und in dünne halbe Scheiben schneiden. Basilikum waschen, zupfen und klein hacken.

Die Zitrone mit heißem Wasser gut waschen und mit einer feinen Reibe ca. 1 Teelöffel voll von der Haut abreiben.

Öl in einem ausreichend großen Topf erhitzen. Die Zwiebeln, den Knoblauch und die Zitronenschale darin ca. 3 Minuten lang andünsten. Anschließend mit der Gemüsebrühe ablöschen.

300 ml Wasser hinzugeben, leicht salzen und aufkochen. Dann die Nudeln hinzufügen. Das Ganze ca. 5 bis 7 Minuten köcheln lassen. (Die Nudeln sollten noch sehr bissfest sein).

Anschließend die Zucchini, den Broccoli und die Erbsen in den Topf geben und alles zusammen für weitere 3 Minuten köcheln lassen. (Das Gemüse sollte so gerade weich werden).

Den Topf vom Herd nehmen und den Parmesan darunter vermischen. Den Büffelmozzarella grob in kleine Stücke reißen und ebenfalls vermengen. Man kann ihn aber auch einfach vor dem Servieren über die fertige Pasta streuen.

Zubereitungszeit

25 Minuten

Nährwerte pro Person:

430kcal | 48g Kohlenhydrate | 18g Fett | 26g Eiweiß

Rucola-Garnelen-Spaghetti

Ein Fest für die Sinne – Mehr ist hier nicht hinzuzufügen.

Zutaten

- 1 Esslöffel Olivenöl
- 120g Kirschtomaten
- ¼ Bund Rucola
- 1 Messerspitze Chiliflocken
- ½ Zwiebel (mittelgroß)
- 1 Knoblauchzehe
- 1 Esslöffel Zitronen- oder Limettensaft (gerne frisch gepresst)
- 200g Spaghetti
- 100g Garnelen (ohne Schale und ohne Kopf)

Zubereitung

Zuerst den Knoblauch und die Zwiebeln schälen und klein würfeln. Kirschtomaten waschen und halbieren oder vierteln. Rucola gut waschen, zupfen und klein schneiden oder reißen.

Anschließend Öl in unserem Topf erhitzen und die Zwiebeln sowie den Knoblauch glasig andünsten. Danach die Garnelen und die Chiliflocken hinzufügen und das Ganze für etwa 2 Minuten braten. Anschließend mit dem Zitronensaft ablöschen, die Tomaten und den Rucola hinzugeben und alles gut verrühren. Dann das Ganze einmal kurz aufkochen lassen.

Als nächstes entfernen Sie das Resultat aus dem Topf und stellen es bei Seite.

Nun die Spaghetti im Topf mit ausreichend gesalzenem Wasser bissfest kochen.

Die Spaghetti anschließend in einem Sieb abtropfen lassen und anschließend wieder in den Topf geben. Die zur Seite gestellten Zutaten mit zu den Spaghetti geben und alles gut durchrühren.

Bei Bedarf den Topf kurz erwärmen.

Vor dem Servieren mit Salz und Pfeffer abschmecken und nach Belieben mit Parmesan bestreuen.

Sollten Sie es eilig haben, dann können Sie hier auch mit Topf und Pfanne arbeiten. Kochen Sie dafür die Nudeln ganz normal im Topf und braten Sie die anderen Zutaten wie beschrieben, nur parallel in einer Pfanne. Und geben Sie am Ende, wie beschrieben, alles zueinander. Das spart etwas Zeit, produziert jedoch mehr Abwasch – Die Wahl liegt bei Ihnen.

Zubereitungszeit

25 Minuten

Nährwerte pro Person:

425kcal | 80g Kohlenhydrate | 7g Fett | 26g Eiweiß

Paprika-Hühnchen Pasta

Leicht, geschmackvoll und stilsicher – mit dieser One Pot Pasta wird sich einfach jeder sofort anfreunden können. Sehr bekömmlich, bodenständig, aber bestimmt nicht langweilig.

Zutaten

- 200g kurze Nudeln (Makkaroni oder Penne)
- 2 Esslöffel Olivenöl
- 180g Hähnchenbrustfilet
- ½ Rote Paprika
- 20g grüne Oliven (entkernt)
- 2 Esslöffel Weißwein
- 1 Knoblauchzehe
- 60g Mozzarella
- 70 ml Gemüsebrühe
- ½ Teelöffel süßes Paprikapulver
- frisches Basilikum

Zubereitung

Knoblauch schälen und klein hacken. Danach das Hähnchenfleisch abwaschen und in mundgerechte Stücke schneiden, salzen und pfeffern. Paprika waschen, entkerne und in Streifen schneiden. Die Streifen halbieren.

Öl in einem Topf erhitzen und das Fleisch durchbraten. (Es darf gerne etwas knusprig werden). Zum Schluss das Paprikapulver hinzufügen (Vorsicht: nicht zu lange mit braten, denn dann entwickelt es Bitterstoffe). Herausnehmen und zur Seite stellen.

Paprika in demselben Öl kurz anbraten, mit Weißwein ablöschen und das Ganze herausnehmen und zur Seite stellen.

Die Brühe erhitzen und die Nudeln dazugeben. Eventuell mit etwas Wasser auffüllen (Vorsicht: nicht zu viel. Die Nudeln sollen die Flüssigkeit am Ende der Garzeit aufgesogen haben). Ca. 12 Minuten al dente kochen. In der Zwischenzeit den Mozzarella in Stücke zerteilen. Den Basilikum waschen, zupfen und klein hacken.

Kurz vor Ende der Garzeit das Fleisch, die Paprika und die Oliven unter die Nudeln mischen. Den in Stücke zerteilten Mozzarella dazu geben und unterrühren und das Ganze mit Salz und Pfeffer abschmecken. Vor dem Servieren mit dem frischen Basilikum garnieren

Zubereitungszeit

30 Minuten

Nährwerte pro Person:

510kcal | 70g Kohlenhydrate | 12g Fett | 35g Eiweiß

Pasta Mexicana (V)

Fruchtig-feuriges Gericht mit dem gewissen mexikanischen Etwas. Eine kultige One Pot Pasta, die einfach jeder gerne haben muss. Kulinarische Lebensfreude, die für ein breites Grinsen am Tisch sorgt.

Zutaten

- 1 rote Paprika
- ½ gelbe Paprika
- ¼ Zucchini
- 1 mittelgroße Zwiebel
- 1 kleine Dose Kidneybohnen (240g Dose)
- 1 kleine Dose Mais
- 1 Dose gestückte Tomaten (400g Dose)
- 30g Cashewnüsse (Natur, ungesalzen und ungeröstet)
- 200g kurze Nudeln (Spirelli, Makkaroni)
- 2 Esslöffel Speiseöl
- 500 ml Gemüsebrühe
- 1 Teelöffel süßes Paprikapulver
- 1 Teelöffel Currypulver
- ½ Teelöffel scharfes Paprikapulver
- ½ Teelöffel getrockneten Thymian
- ½ Teelöffel getrockneten Oregano
- ½ Teelöffel gemahlenen Koriander
- ½ Teelöffel Kreuzkümmel
- 1 gute Messerspitze Chilipulver
- 80 ml Wasser

Zubereitung

Die Zwiebeln schälen und grob schneiden. Die Zucchini waschen und würfeln. Die Paprika waschen, entkernen und in Streifen schneiden. Bei Bedarf die Streifen nochmal halbieren. Kidneybohnen zusammen mit dem Mais in ein Sieb schütten, waschen und abtropfen lassen

Die Gemüsebrühe in einem ausreichend großen Topf erhitzen und einmal kurz aufkochen. Nudeln, Zucchini, Tomaten, Zwiebeln, Knoblauch und Paprika hinzufügen und ca. 5 Minuten bei mittlerer Hitze köcheln lassen. Anschließend die Kräuter und die Gewürze hinzufügen. Weitere 5 Minuten köcheln lassen (bis die Nudeln al dente sind).

In der Zwischenzeit die Cashewnüsse zerstampfen und mit dem Wasser in einer kleinen Schüssel zu einer sämigen Masse verrühren.

Kurz vor Ende der Garzeit (die Nudeln sollten die Flüssigkeit aufgesogen haben) die Kidneybohnen und den Mais hinzufügen und alles gut vermischen. Dann die sämige Cashewnuss-Paste ebenfalls unter die Pasta mischen und das Ganze nochmal 2 bis 3 Minuten auf der ausgestellten Herdplatte ziehen lassen.

Das Ganze mit Salz und Pfeffer abschmecken und servieren.

Zubereitungszeit

30 Minuten

Nährwerte pro Person:

515kcal | 71g Kohlenhydrate | 14g Fett | 21g Eiweiß

Pasta mit Linsen-Bolognese (V)

Eine Freude für Veganer oder solche, die es mal ausprobieren möchten vegan zu kochen und trotzdem den vollen Geschmack genießen wollen. Diese One Pot Pasta ist gehaltvoll, deftig, aber trotzdem leicht bekömmlich.

Zutaten

- 200g Pasta (nach Belieben)
- 1 kleine Knoblauchzehe
- 1 kleine Zwiebel oder 2 Schalotten
- 100g Möhren
- 75g rote Linsen
- 150 ml Gemüsebrühe
- 1 guter Teelöffel Tomatenmark
- 200g gestückte Tomaten (Dose)
- 1 Stange Sellerie
- 1 Esslöffel Olivenöl
- 1 Esslöffel roter Balsamico
- 1 ½ Zweige frischer Thymian
- ½ Zweig Rosmarin
- 1 Messerspitze Chiliflocken

Zubereitung

Die Nudeln nach Verpackungsangabe in gesalzenem Wasser al dente kochen. Anschließend abtropfen lassen und zur Seite stellen.

In der Zwischenzeit Knoblauch und Zwiebeln schälen und fein würfeln. Thymian und Rosmarin waschen und fein hacken. Möhren und Sellerie waschen und klein schneiden (in kleine Würfel die Möhren, in dünne Scheibchen den Sellerie). Die Linsen in einem Sieb waschen und gut abtropfen lassen.

Öl in einem Topf erhitzen und den Sellerie, die Möhren und den Knoblauch zusammen andünsten. Anschließend das Tomatenmark unterrühren und das Ganze mit der Brühe ablöschen. Die gestückten Tomaten dazu geben und unterrühren. Dann die Kräuter dazu mischen und das Ganze salzen und pfeffern (Vorsicht: nicht zu viel).

Die Linsen hinzufügen und das Ganze kurz aufkochen und dann zugedeckt bei mittlerer Hitze ca. 15 Minuten köcheln lassen (bis die Linsen weich sind, aber nicht so weich, dass sie zerfallen). Nach der Garzeit die zur Seite gestellten, gekochten Nudeln dazu geben und alles gut vermischen.

Vor dem Servieren mit Salz und Pfeffer abschmecken und nach Belieben mit etwas Parmesan bestreuen.

Zubereitungszeit

35 Minuten

Nährwerte pro Person:

400kcal | 70g Kohlenhydrate | 6g Fett | 18g Eiweiß

Fenchel-Bohnen-Feta Makkaroni (V)

Eine wirklich extravagante One Pot Pasta mit ungewöhnlichem Geschmack und griechischem Charakter. Dieser kulinarische Hit sorgt bestimmt am Tisch für eine Überraschung. Für Vegetarier geeignet.

Zutaten

- ½ Fenchelknolle
- ½ rote Chilischote
- 150g „dicke" Bohnen (wahlweise auch grüne Bohnen)
- 150g Makkaroni
- 125 ml Gemüsebrühe
- 1 Teelöffel frische gehackte Petersilie
- 25 ml Weißwein (trocken)
- 1 Esslöffel Olivenöl
- 1 Knoblauchzehe
- 1 Esslöffel Zitronensaft
- 80g Fetakäse

Zubereitung

Die Bohnen in der Gemüsebrühe ca. 7 Minuten bei mittlerer Hitze köcheln lassen. Dann abgießen, aber den Sud bitte auffangen. Sud und Bohnen getrennt voneinander zur Seite stellen.

Die Makkaroni in leicht gesalzenem Wasser ca. 10 bis 12 Minuten al dente kochen. In einem Sieb abtropfen lassen und zur Seite stellen.

In der Zwischenzeit den Fenchel waschen und in feine Streifen schneiden. Knoblauch schälen und fein hacken. Die Chilischote waschen, entkernen und fein schneiden.

Öl in einem Topf erhitzen und darin den Fenchel, den Knoblauch und die Chili bei mittlerer Hitze andünsten. Anschließend mit dem Sud von den Bohnen und dem Weißwein ablöschen. Anschließend den Zitronensaft dazu mischen.

Mit Salz und Pfeffer ein erstes Mal abschmecken und das Ganze dann ca. 5 Minuten bei mittlerer Hitze köcheln lassen.

In der Zwischenzeit den Fetakäse zerkleinern. Danach die Bohnen und die gekochten Makkaroni zu dem Ragout im Topf geben und alles gut verrühren.

Vor dem Servieren nochmal mit Salz und Pfeffer abschmecken und den Fetakäse darüber streuen.

Zubereitungszeit

30 Minuten

Nährwerte pro Person:

705kcal | 90g Kohlenhydrate | 33g Fett | 21g Eiweiß

Chonchiglie mit buntem Sommergemüse(V)

Eine durch und durch frische, sommerliche One Pot Pasta – purer Genuss, vor allem, wenn man es leicht und bekömmlich mag. Ein Gericht, bei dem das „Vegetarier-Herz“ sofort höher schlägt.

Zutaten

- 1 mittelgroße Zucchini
- ½ Aubergine
- 1 mittelgroße Möhre
- 150g Kirschtomaten
- 1 gelbe Paprikaschote
- ½ kleine Zwiebel
- 1 kleine Knoblauchzehe
- 50g getrocknete, in Öl eingelegte Tomaten
- 400 ml Gemüsebrühe
- 200g Conchiglie (Muschel-Nudeln)
- 1 Esslöffel Tomatenmark
- ½ Teelöffel Honig
- 1 Esslöffel Schnittlauchröllchen

Zubereitung

Knoblauch und Zwiebeln schälen und klein würfeln. Aubergine, Zucchini und Möhre waschen und in kleine Würfel schneiden. Paprika waschen, entkernen und in dünne Streifen schneiden (bei Bedarf noch halbieren). Kirschtomaten waschen und halbieren oder vierteln. Die getrockneten Tomaten in Öl abtropfen lassen und bei Bedarf noch etwas kleiner schneiden.

Die Gemüsebrühe in einen Topf geben und erhitzen. Das Gemüse und die Nudeln hinzufügen. Tomatenmark, Olivenöl, Honig und etwas Salz dazu geben und das Ganze aufkochen. Dann ca. 12 bis 15 Minuten zugedeckt köcheln lassen. Zwischendurch umrühren.

Die Pasta sollte zum Ende der Garzeit die Flüssigkeit aufgesogen haben. Falls zu wenig Flüssigkeit vorhanden ist, einfach etwas Wasser nach kippen.

Zum Schluss mit Salz und Pfeffer abschmecken und vor dem Servieren mit den Schnittlauchröllchen und nach Belieben mit geriebenem Parmesan garnieren.

Zubereitungszeit

30 Minuten

Nährwerte pro Person:

440kcal | 62g Kohlenhydrate | 9g Fett | 17g Eiweiß

Spaghetti mit Spinat und Lachsfilet

Volle Genuss-Power – eine Pasta zum Verlieben – bei diesem Gericht wird das Schlemmen ganz groß geschrieben. Eigenwilliger Geschmack trifft auf beste Zutaten. Kann schnell zum Klassiker in der Küche werden.

Zutaten

- 500 ml Gemüsebrühe
- 150g Blattspinat (gern auch tiefgekühlt)
- 200g Spaghetti
- 1 Esslöffel Olivenöl
- 100g Kirschtomaten
- 150 ml Sahne
- 3 Esslöffel Frischkäse
- 200g Lachsfilet

Zubereitung

Kirschtomaten waschen und halbieren oder vierteln. Lachsfilet in mundgerechte Stücke schneiden. Blattspinat grob schneiden (eventuell vorher natürlich auftauen). Anschließend leicht salzen und pfeffern.

Öl in einem Topf erhitzen und das Lachsfilet gut anbraten. Dann herausnehmen und zur Seite stellen.

Gemüsebrühe im Topf erhitzen und die Spaghetti darin ca. 8 Minuten kochen. Dann den Spinat, die Sahne und die angebratenen Lachsstücke dazu geben. Es sollte nur noch wenig Flüssigkeit im Topf sein.

Das Ganze nochmal für etwa 5 Minuten köcheln lassen. Hin und wieder umrühren, damit die Spaghetti nicht am Boden festkleben.

2 Minuten vor Ende der Garzeit die Kirschtomaten und den Frischkäse hinzufügen und noch einen Moment ziehen lassen. Vor dem Servieren mit Salz und Pfeffer abschmecken.

Zubereitungszeit

25 Minuten

Nährwerte pro Person:

900kcal | 73g Kohlenhydrate | 48g Fett | 31g Eiweiß

Käse-Champignons-Bömbchen (V)

Mit dieser vegetarischen One Pot Pasta kommt eine kleine Kalorienbombe auf den Tisch. Bei diesem Gericht muss auch das größte Leckermaul auf nichts verzichten. Sollten Sie Ihre Kalorien tracken, ist es ratsam diese Mahlzeit im Voraus einzuplanen.

Zutaten

- 100g Ziegenkäse (oder einen anderen Frischkäse)
- 40g Parmesan
- 200g frische Champignons
- eine Stange Lauch
- ½ Zitrone
- 500 ml Gemüsebrühe
- 1 Bund frischer Basilikum
- 2 normal große Tomaten
- 2 mittelgroße Knoblauchzehen
- 50g Pinienkerne
- 1 rote Chilischote
- 200g Spaghetti

Zubereitung

Knoblauch schälen und fein hacken. Lauch waschen und in feine, halbe Ringe schneiden. Die Tomaten gut waschen und würfeln.

Die Pilze putzen und in Scheiben schneiden. Die Chilischote waschen, längs aufschneiden, entkernen und in feine halbe Ringe schneiden. Das Basilikum waschen, die Blätter abzupfen und klein hacken.

Die Pinienkerne leicht in einem Topf anrösten (ohne Öl). Die Gemüsebrühe hinzugeben und aufkochen lassen. Die Spaghetti mit in den Topf geben und bei mittlerer Hitze ca. 5 Minuten kochen lassen.

Dann den Knoblauch, die Pilze, einen Spritzer Zitronensaft, die Chili und den Lauch dazugeben und das Ganze nochmal ca. 8 bis 10 Minuten köcheln lassen. Am Ende der Garzeit sollten die Nudeln die Flüssigkeit fast komplett aufgesogen haben.

Anschließend den Topf vom Herd nehmen und den Frischkäse und den Parmesan unterrühren. Vor dem Servieren mit dem Basilikum garnieren.

Zubereitungszeit

25 Minuten

Nährwerte pro Person:

930kcal | 90g Kohlenhydrate | 40g Fett | 44g Eiweiß

Pasta Bosporus

Eine bodenständige One Pot Pasta, die mit einem frischen, orientalischen Etwas brilliert. Sieht zunächst nach nichts aufregendem aus, überzeugt dann aber am Tisch vom ersten Bissen an.

Zutaten

- 1 kleine Knoblauchzehe
- 1 Bund Petersilie
- 2 Esslöffel Olivenöl
- ½ Zwiebel
- ½ Teelöffel Paprikapulver
- 1 gute Messerspitze Kreuzkümmel
- 250g Naturjoghurt
- 200g kurze Nudeln (z. B. Makkaroni, Penne)
- 1 kleine Zucchini
- 200g Hackfleisch (am besten Rind)

Zubereitung

Knoblauch und Zwiebel schälen und schneiden. Zucchini waschen, längs trennen und in dünne halbe Scheiben schneiden. Petersilie waschen, zupfen und klein hacken.

Die Nudeln nach Verpackungsangaben in leicht gesalzenem Wasser al dente kochen, in einem Sieb abtropfen und zur Seite stellen.

Während die Nudeln kochen den Joghurt in eine Schüssel geben. Dann die Petersilie und den Knoblauch dazu. (Am besten durch eine Knoblauchpresse). Das Ganze gut vermischen, mit Salz und Pfeffer abschmecken und zu Seite stellen.

Öl im Topf erhitzen und die Zwiebeln leicht glasig anbraten. Dann das Hackfleisch dazu geben und gut durchbraten (gerne auch etwas knusprig). Die Zucchinischeiben ebenfalls kurz mit anbraten. Ganz zum Schluss das Paprikapulver dazu geben (nicht zu lange mit anbraten, da sonst Bitterstoffe entstehen). Außerdem den Kreuzkümmel unterrühren.

Jetzt die Joghurt-Sauce und das gebratene Hackfleisch mit den Nudelns vermengen und alles gut vermischen. Eventuell nochmal mit Salz und Pfeffer abschmecken und anschließend servieren.

Zubereitungszeit

30 Minuten

Nährwerte pro Person:

760kcal | 80g Kohlenhydrate | 32g Fett | 41g Eiweiß

One Pot Reis

Entdecken Sie im folgenden Kapitel unsere Auswahl an Reis-Gerichten, die alle in nur einem Topf zubereitet werden können. Sie werden Rezepte aus aller Welt probieren können, die alle ihre komplett eigene Note haben. Erfreuen Sie sich an vegetarischen Speisen und Leckereien mit Fisch oder Fleisch.

Eines steht fest: Die Gaumenfreude ist vorprogrammiert.

Freuen Sie sich auf:

Cheesy Zucchini-Risotto (V)

Sieht einfacher aus, als es geschmacklich ist – dieses Risotto überzeugt durch seine Feinheiten und seine versteckte Vielfältigkeit.

Zutaten

- 300g Zucchini
- 1 kleine Zwiebel
- 1 Knoblauchzehe
- 60g Kirschtomaten
- 100 ml Weißwein
- 500 ml Gemüsebrühe
- 2 Esslöffel gute Butter
- 20g schwarze Oliven (auch gerne gehackt)
- 50g geriebener Parmesan
- 150g Risotto-Reis

Zubereitung

Zwiebeln und Knoblauch schälen und fein würfeln. Zucchini waschen und grob würfeln (wahlweise auch längs halbieren und in dünne halbe Scheiben schneiden). Oliven halbieren oder vierteln. Kirschtomaten waschen und halbieren oder vierteln.

Ein wenig Öl in unserem Topf erhitzen und die Kirschtomaten kurz von allen Seiten anbraten. Dann herausnehmen und zur Seite stellen.

Die Butter im Topf erhitzen und darin den Reis ca. 1 Minute andünsten. Knoblauch, die Hälfte der Zucchini und Zwiebeln hinzufügen und ebenfalls kurz andünsten. Das Ganze mit Weißwein ablöschen und die Gemüsebrühe dazu geben. Bei mittlerer Hitze ca. 15 bis 20 Minuten offen köcheln lassen. (Bei Bedarf noch etwas Flüssigkeit dazu kippen). Hin und wieder gut umrühren.

5 Minuten vor Ende der Garzeit die restlichen Zucchini dazu geben und weiter quellen lassen. Anschließend den Topf vom Herd nehmen und den Käse und die Oliven unterrühren. Mit Salz und Pfeffer abschmecken.

Zum Schluss die Kirschtomaten sanft unter das Risotto heben.

Zubereitungszeit

40 Minuten

Nährwerte pro Person:

740kcal | 85g Kohlenhydrate | 33g Fett | 17g Eiweiß

Toskana Tomaten-Reis (V)

Fruchtig, mediterran und mit kleinen, delikaten Überraschungen. Dieses Gericht ist schnell gemacht und kann immer punkten. Denn wer kann der norditalienischen Küche schon widerstehen?

Zutaten

- 1 Schalotte
- 1 große Tomate
- 300 ml Tomatensaft
- 100 ml Wasser
- 1 gehäufter Teelöffel schwarze Oliven (fein gehackt)
- 100g Frischkäse (am besten Ziegenkäse)
- 1 Esslöffel Olivenöl
- 1 Teelöffel frisches, gehacktes Basilikum
- 250g Reis (normaler Langkornreis)

Zubereitung

Die Schalotte schälen und fein würfeln. Die Tomate mit heißem Wasser übergießen, häuten und in feine Würfel schneiden. Den Frischkäse in einer Schüssel mit dem gehackten Basilikum und den gehackten Oliven vermischen.

Öl in einem ausreichend großen Topf erhitzen und darin die Schalotte andünsten. Dann mit Wasser und dem Tomatensaft ablöschen und den Reis dazu geben. Ca. 5 bis 7 Minuten bei mittlerer Hitze köcheln lassen.

Dann das Ganze mit Salz und Pfeffer (und auch gerne einigen anderen Gewürzen - nach Belieben) abschmecken. Weitere 5 Minuten köcheln lassen (bis der Reis durch ist).

Mit einem Löffel aus dem vorbereiteten Frischkäse kleine Nockerl formen (ovale Bällchen). Diese vor dem Servieren auf das fertige Reis-Gericht legen.

Zubereitungszeit

25 Minuten

Nährwerte pro Person:

440kcal | 48g Kohlenhydrate | 21g Fett | 18g Eiweiß

Zitronen-Risotto mit Garnelen

Leicht, bekömmlich und gleichzeitig eine feine Geschmacksexplosion. Hier kommt ein wunderbares Risotto, das schmeckt, wie ein Sonnenuntergang in einem süditalienischen Hafenrestaurant.
Eine Gaumenfreude wie ein kleiner Urlaub.

Zutaten

- 550 ml Gemüsebrühe
- 100g Risotto-Reis
- 80 g Zuckerschoten
- 150g Garnelen (geschält und ohne Kopf)
- 1 kleine Zwiebel
- 1 Knoblauchzehe
- 2 Esslöffel Olivenöl
- 1 Spritzer Zitronensaft (ca. 1 Teelöffel)
- 1 Teelöffel geriebene Zitronenschale
- 2 Esslöffel geschnittene Dillspitzen
- 1 Esslöffel saure Sahne

Zubereitung

Zwiebeln und Knoblauch schälen und fein würfeln. Zuckerschoten waschen und längs halbieren.

Öl in einem Topf erhitzen und darin die Zuckerschoten und die Garnelen gut anbraten. Anschließend salzen und Pfeffern und zur Seite stellen.

In demselben Öl (eventuell noch etwas nachgeben) die Zwiebeln und den Knoblauch glasig andünsten. Den Reis dazu geben und ebenfalls ca. 1 Minuten andünsten. Das Ganze dann mit der Gemüsebrühe ablöschen und bei mittlerer Hitze offen für etwa 20 Minuten köcheln lassen. (Bei Bedarf noch etwas Wasser nachgeben).

Anschließend den Risotto vom Herd nehmen, Zitronensaft und die geriebene Zitronenschale unterrühren und das Ganze mit Salz und Pfeffer abschmecken. Saure Sahne dazu mischen und die Garnelen sowie die Zuckerschoten sanft unterheben.

Vor dem Servieren die Speise mit den Dillspitzen garnieren.

Zubereitungszeit

45 Minuten

Nährwerte pro Person:

390kcal | 46g Kohlenhydrate | 13g Fett | 20g Eiweiß

Fruchtiger Reis-Pott mit Frikadellchen

Leicht, bekömmlich und mit Kick – Dieser einfache One Pot ist schnell und preiswert gezaubert und eignet sich sowohl als kleine Vorspeise als auch als kleine Hauptmahlzeit. Besonderes Erlebnis für den kleinen Geldbeutel.

Zutaten

- 170g Hackfleisch (gemischt)
- 1 Scheibe Toast
- 1 Eigelb
- 1 Frühlingszwiebel
- ½ Bund Suppengrün
- 270g Tomaten aus der Dose (gehackt am besten)
- 2 Esslöffel Speiseöl
- 70 ml Wasser
- ½ Brühwürfel (höchstens)
- ¾ Tasse Reis (ca. 1 bis 1 ½ Beutel)

Zubereitung

Zum Start den Reis kochen und zur Seite stellen (es sollten ungefähr drei Tassen voll gekochtem Reis herauskommen. Es darf aber auch gerne ein wenig mehr sein).

Während der Reis kocht den Toast in einer Schüssel zerkrümeln. Die Frühlingszwiebel klein hacken und dazu geben, ebenso wie das Eigelb und das Hackfleisch. Mit Salz und Pfeffer würzen und kurz durch kneten. Anschließend kleine Frikadellen daraus formen und zur Seite stellen.

Diese im Topf gut durchbraten, wenn Sie den Reis entfernt haben. Anschließend ebenfalls die Frikadellen aus dem Topf entfernen und bei Seite legen.

Das Suppengrün in kleine Würfel schneiden, dann das Öl in einem Topf erhitzen und das Suppengrün kurz darin andünsten. Die Tomaten, das Wasser und den Brühwürfel dazu geben und ca. 15 Minuten bei mittlerer Hitze köcheln lassen.

Am Ende der Garzeit des Eintopfs den gekochten Reis und die Frikadellen dazugeben und gut durchrühren.

Jetzt bleibt nur noch eines: Servieren und schmecken lassen

Um Zeit zu sparen, können Sie die Frikadellen auch parallel in einer Pfanne zubereiten und diese, wie angegeben, anschließend mit in den Topf geben.

Zubereitungszeit

30 Minuten

Nährwerte pro Person:

500kcal | 45g Kohlenhydrate | 23g Fett | 25g Eiweiß

Limetten-Risotto (V)

Solch ein Risotto ist mit Sicherheit erst selten zu Hause auf den Tisch gekommen. Fruchtig und cremig zugleich weiß dieses Reis-Gericht, wie es „Genießerherzen“ sofort für sich gewinnen kann.

Zutaten

- 2 Schalotten
- ½ Limette
- 50 ml Weißwein (trocken)
- 400 ml Gemüsebrühe
- 2 Esslöffel Olivenöl
- 5 g gute Butter
- 15 g Parmesan (gerieben)
- 75 g Blattspinat
- 40 g Mascarpone
- 1 Stiel Dill
- 150 g Risotto-Reis

Zubereitung

Schalotten schälen und fein würfeln, Dill waschen und in kleine Röllchen schneiden sowie den Blattspinat waschen und klein zupfen.

Öl in einem Topf erhitzen und darin die Schalotten glasig andünsten. Dann den Reis dazu geben und ca. 1 Minuten mit andünsten. Mit Weißwein ablöschen und die Gemüsebrühe dazu geben. Ca. 15 Minuten bei mittlerer Hitze köcheln lassen. Hin und wieder umrühren.

Ca. 4 Minuten vor Ende der Garzeit den vorbereiteten Spinat dazugeben, unterrühren und weiter köcheln lassen.

Am Ende der Garzeit den Topf vom Herd nehmen und die Mascarpone, die Butter und den Parmesan unter das Ganze rühren. Anschließend mit Salz, Pfeffer und frisch ausgepresstem Limettensaft abschmecken und alles zusammen zugedeckt nochmal für 2 Minuten ziehen lassen.

Vor dem Servieren mit dem Dill garnieren.

Zubereitungszeit

30 Minuten

Nährwerte pro Person:

425kcal | 55g Kohlenhydrate | 22g Fett | 9g Eiweiß

Cheesy Mexican Rice (V)

Herzhafter, holländischer Käse trifft auf feurige mexikanische Lebensart – und das in nur einem Topf. Dieses One Pot Reis-Gericht kann ganz schnell zum beliebten Stammgast auf dem Tisch werden. Hier ist alles drin, was den Gaumen angenehm vibrieren lässt.

Zutaten

- ¼ Teelöffel Currypulver
- 350 ml Gemüsebrühe
- 1 gute Messerspitze Chiliflocken
- 1 Esslöffel Olivenöl
- ½ Bund glatte Petersilie
- ½ Esslöffel Tomatenmark
- 1 Messerspitze Zimt (gemahlen)
- ½ mittelgroße Zwiebel
- 1 kleine Knoblauchzehe
- ½ Zucchini
- ½ rote Paprika
- 100g Mais (aus der Dose)
- 150g Basmati-Reis (ungekocht)
- 50g Creme Fraiche
- 50g Gouda (gerieben)

Zubereitung

Zwiebeln und Knoblauch schälen und fein würfeln. Paprika waschen, entkernen und in dünne Streifen schneiden. Zucchini waschen, längs halbieren und in dünnen, halbe Scheiben schneiden. Mais in ein Sieb füllen, waschen und abtropfen lassen.

Öl in einem ausreichend großen Topf erhitzen, darin die Zwiebeln und den Knoblauch glasig dünsten. Paprika und Zucchini hinzufügen und ganz kurz mit andünsten.
Dann den Reis dazugeben und das Ganze mit der Gemüsebrühe ablöschen.

Anschließend kurz aufkochen lassen und das Tomatenmark sowie die Gewürze darunter rühren. Das Ganze geöffnet etwa 10 Minuten bei mittlerer Hitze köcheln lassen. Am Ende der Garzeit sollte der Reis sämtliche Flüssigkeit aufgesogen haben und gar sein (falls nicht, ein wenig Wasser nach kippen und weiter köcheln lassen).

In der Zwischenzeit die Petersilie waschen, zupfen und klein hacken. Wenn der Reis fertig ist, das Ganze vom Herd nehmen und die Creme Fraiche und den Gouda unterheben. Nochmal knapp 2 Minuten ziehen lassen, damit der Käse gut verläuft und sich verteilen kann.

Vor dem Servieren das Ganze mit Salz und Pfeffer abschmecken und mit der gehackten Petersilie garnieren.

Zubereitungszeit

25 bis 30 Minuten

Nährwerte pro Person:

425kcal | 41g Kohlenhydrate | 19g Fett | 14g Eiweiß

Kreolisches Hühnchen-Gumbo

Gumbo ist ein traditionelles Eintopf-Gericht aus der kreolischen Küche der Karibik – und es hat es in sich. Es schmeckt fruchtig und darf auch gerne scharf sein. Bekömmlich und leicht ist es dennoch und dient als vollwertige Hauptmahlzeit. Wie die meisten Eintöpfe schmeckt das Gumbo aufgewärmt noch besser.

Zutaten

- 150g Hühnerfleisch (es darf auch Brustfilet sein)
- 100g Okraschoten
- 1 mittelgroße Zwiebel
- 70g Staudensellerie
- 1 ½ Knoblauchzehen
- 1 kleine Dose Tomatenmark
- 10g gute Butter
- 80g Reis
- 1/3 grüne Paprikaschote
- 300g frische Tomaten
- ½ Lorbeerblatt
- 1 Prise getrockneter Thymian
- 1 Spritzer Tabasco (oder mehr)
- 650 ml Hühnerbrühe

Zubereitung

Braten Sie zu Beginn das Hühnerfleisch im Topf an und nutzen Sie nur bei Bedarf ein wenig Speiseöl. Das Fleisch gern zuvor zerkleinern.

In der Zwischenzeit die Tomaten mit kochendem Wasser übergießen und anschließend die Haut abziehen, würfeln und im eigenen Saft zur Seite stellen. Paprika waschen, entkernen und in kleine Würfel schneiden.

Den Sellerie waschen und in feine Scheiben schneiden. Den Knoblauch und die Zwiebel ebenfalls schälen und fein würfeln.

Das Hähnchen aus dem Topf entfernen und zur Seite stellen.

Im Topf nun die Butter erhitzen und den Reis hinzufügen und glasig andünsten. Die Zwiebeln und den Knoblauch ebenfalls dazu geben und mitdünsten. Anschließend noch die Paprikawürfel und die Selleriescheiben hinzufügen und dünsten.

Dann die Brühe dazu schütten, kurz aufkochen lassen und anschließend bei niedriger Temperatur köcheln lassen. Das Ganze mit Thymian, Lorbeerblatt, Salz, Pfeffer und Tabasco würzen und das Tomatenmark unterrühren. Anschließend noch die Tomaten hinzufügen.

Danach die Okraschoten waschen und in kleine Stücke schneiden und in einem Sieb abtropfen lassen. Dann zu dem Eintopf hinzugeben und das Ganze gute 20 Minuten bei schwacher Hitze zugedeckt köcheln lassen.

Zum Schluss das Hühnerfleisch mit in den Topf geben, gut durchrühren und das Ganze eventuell noch mit ein wenig Hühnerbrühe, Salz, Pfeffer und Tabasco abschmecken.

Um Zeit zu sparen können Sie das Fleisch auch parallel in einer Pfanne zubereiten und zu gegebenen Zeitpunkt mit in den Topf geben, jedoch nur, wenn Ihnen der Abwasch nichts ausmacht.

Zubereitungszeit

45 Minuten

Nährwerte pro Person:

430kcal | 57g Kohlenhydrate | 10g Fett | 28g Eiweiß

Risotto al´amatriciana

Herzhaft, fruchtig, cremig – ein feines Risotto, welches geschmacklich vor allem durch seine vielfältigen Nuancen zu überzeugen versteht.
Hier sollte jede(r) ins Schwärmen geraten.

Zutaten

- 150g Strauchtomaten
- 2 Schalotten
- 3 Esslöffel Olivenöl
- 1 (kleine) Knoblauchzehe
- 500 ml Gemüsebrühe
- 1 Messerspitze Chiliflocken
- 50 ml Weißwein (trocken)
- 2 Stiele glatte Petersilie
- 10g Butter
- 10g Parmesan (gerieben)
- 120g Risotto-Reis
- 40g Bauchspeck (nicht zu stark geräuchert, z. B. Pancetta)

Zubereitung

Schalotten und Knoblauch schälen und fein würfeln. Petersilie waschen, zupfen und fein hacken. Die Tomaten mit heißem Wasser übergießen, schälen und fein würfeln. Den Bauchspeck würfeln (nicht zu klein).

Öl in einem Topf erhitzen und darin den Bauchspeck gut anbraten (darf auch gerne etwas knusprig werden). Anschließend herausnehmen und zur Seite stellen.

In demselben Öl die Schalotten und den Knoblauch andünsten.

Den Reis ebenfalls für etwa 1 Minute mit dazugeben. Das Ganze mit Weißwein ablöschen und die Gemüsebrühe zuführen. Gute 15 Minuten bei mittlerer Hitze offen köcheln lassen. Hin und wieder umrühren.

Am Ende der Garzeit vom Herd nehmen und Butter sowie Parmesan unterrühren. Anschließend auch die Tomaten und den angebratenen Bauchspeck hinzugeben. Das Ganze mit Salz, Pfeffer und eventuell einer Prise braunem Zucker abschmecken und nochmal 2 Minuten zugedeckt ziehen lassen.

Vor dem Servieren mit der gehackten Petersilie garnieren.

Zubereitungszeit

40 Minuten

Nährwerte pro Person:

510kcal | 46g Kohlenhydrate | 30g Fett | 7g Eiweiß

Kürbis Curry (V)

Ganz klar asiatisch angehaucht ist diese leichte One Pot Kreation. Sie kann als Beilage oder als leichte Hauptmahlzeit dienen. So oder so – diesen Geschmack muss man einfach lieben.
Es ist super schnell zubereitet und schont den Geldbeutel.

Zutaten

- 150g Langkornreis (gern auch Basmati-Reis)
- 200g Kürbis (Hokkaido zum Beispiel)
- 100g Broccoli-Röschen
- 1 kleine Zwiebel
- 1 Knoblauchzehe
- 3 Esslöffel Sauerrahm
- 2 Esslöffel Speiseöl (kein Olivenöl)
- 1 Zitrone
- 2 Teelöffel Currypulver
- 1 Messerspitze Chiliflocken
- 600 ml Gemüsebrühe

Zubereitung

Knoblauch und Zwiebeln schälen und fein würfeln. Kürbis schälen und in ca. 1x1 cm große Würfel schneiden.

Öl in einem ausreichend großen Topf erhitzen und die Zwiebeln und den Knoblauch andünsten. Die Kürbisstücke dazugeben und kurz anbraten. Dann das Ganze mit der Gemüsebrühe ablöschen, den Reis dazu geben und aufkochen. Anschließend bei mittlerer Hitze etwa 15 Minuten köcheln lassen. Hin und wieder umrühren. Bei Bedarf noch etwas Flüssigkeit nachkippen.

In der Hälfte der Garzeit die Broccoli-Röschen dazu geben.

Am Ende der Garzeit den Topf vom Herd nehmen und die Gewürze, einen Spritzer Zitronensaft und den Sauerrahm unterrühren. Das Ganze nochmal ca. 2 Minuten ziehen lassen.

Vor dem Servieren mit Salz und Pfeffer abschmecken.

Zubereitungszeit

25 Minuten

Nährwerte pro Person:

330kcal | 48g Kohlenhydrate | 10g Fett | 11g Eiweiß

One Pot Kartoffel

Hier trifft Großmutters Küche auf internationale Kreativität. Genießen Sie die gut bürgerliche Hausmannskost mit orientalischem Flair oder gönnen Sie sich die Gerichte, die bereits unsere Eltern und Großeltern liebten.

Wie auch immer Sie sich entscheiden, eines ist Gewiss: Es geht schnell, ohne viel Aufwasch und schmeckt hervorragend!

Freuen Sie sich auf:

Deftiger Kartoffel-Pott mit Cabanossi

Deftiger und gleichzeitig gut bekömmlicher Klassiker aus der mütterlichen Eintopf-Trickkiste. Mit diesem Rezept kann man garantiert nichts falsch machen und bringt auch echter Genießer sofort ins Schwärmen.

Zutaten

- 1 klein geratene Zwiebel
- 1 guten Teelöffel gute Butter
- 1 kleines Lorbeerblatt
- ½ Liter Gemüsebrühe
- 150g Cabanossi
- 1/3 Bund Suppengrün
- 400g festkochende Kartoffeln
- 1 Prise Muskat

Zubereitung

Das Suppengrün gut waschen und klein würfeln. Die Zwiebel schälen und ebenfalls würfeln. Kartoffeln schälen, waschen und in kleine Stücke schneiden (am besten ebenfalls würfeln).

Suppengrün, Kartoffeln und Zwiebeln in einem ausreichend großen Topf in der Butter andünsten und leicht mit Salz und Pfeffer würzen (Vorsicht: hier nicht zu viel nehmen)

Das Ganze mit der Gemüsebrühe ablöschen, den Lorbeer hinzugeben und anschließend bei mittlerer Hitze gute 20 bis 25 Minuten zugedeckt köcheln lassen.

Anschließend ein gutes 1/3 vom Gemüse und den Kartoffeln herausnehmen und zur Seite stellen. Den Rest im Topf leicht pürieren und die Cabanossi in üppige Scheiben schneiden (ca. ½ cm dick) und hinzugeben. Das Ganze nochmal 10 Minuten zugedeckt köcheln lassen.

Danach werden das zur Seite gestellte Gemüse und die Kartoffeln wieder hinzugegeben und der Eintopf mit Salz und Pfeffer abgeschmeckt. Vor dem Servieren gerne noch mit etwas kleingehackter, frischer Petersilie garnieren.

Zubereitungszeit

45 Minuten

Nährwerte pro Person:

460kcal | 24g Kohlenhydrate | 33g Fett | 14g Eiweiß

Bunter Sauerkraut-Traum

Deftig, säuerlich und reich an Geschmack. Ein klassischer Eintopf mit Balkan-Charakter, der zu jeder Tageszeit hervorragend passt. Er mag auf den ersten Blick etwas „altbacken" erscheinen, ist aber gerade deshalb so im Trend.

Zutaten

- je ½ Paprikaschote gelb, rot und grün (ca. 150g)
- ½ große Zwiebel
- 125g Cabanossi
- ½ Esslöffel Speiseöl
- 2 Teelöffel Instant-Brühe
- ½ Teelöffel Paprikapulver edelsüß
- ½ Bund Schnittlauch
- 100g Kirschtomaten
- 250g festkochende Kartoffeln
- ½ Dose (der 850 ml Dose) Sauerkraut

Zubereitung

Zwiebel schälen und schneiden. Kartoffeln schälen und in mundgerechte Stücke würfeln. Paprika waschen und in Stücke schneiden. Cabanossi längs teilen und in halbe Scheiben schneiden. Anschließend in einem großen Topf das Öl erhitzen.

Nun die Cabanossi anbraten. Anschließend Kartoffeln, Paprika und Zwiebeln dazugeben und kurz mit anbraten. Paprikapulver darüber streuen und 1 Liter Wasser dazu geben. Brühe und Sauerkraut unterrühren und das Ganze ca. 20 Minuten köcheln lassen (Gabelprobe – bis die Kartoffeln durch sind).

In der Zwischenzeit können Sie die Kirschtomaten waschen und schneiden und etwa 3 Minuten vor dem Ende der Garzeit dazugeben. Dann den „Top“ mit Salz und Pfeffer abschmecken.

Vor dem Servieren mit dem in kleine Ringe geschnittenen Schnittlauch servieren.

Zubereitungszeit

35 Minuten

Nährwerte pro Person:

450kcal | 23g Kohlenhydrate | 28g Fett | 21g Eiweiß

Bomben Pott mit Kürbis und Rosenkohl

Eine feine Kreation, die leicht bekömmlich ist, jedoch als vollwertige Mahlzeit taugt. Mit nicht ganz alltäglichen Zutaten, die für eine geschmackliche Überraschung sorgen und gesund sind.

Zutaten

- ½ Esslöffel Speiseöl
- ½ mittelgroße Zwiebel
- ½ Esslöffel Curry
- 1 Esslöffel Instant-Gemüsebrühe
- 350g Kürbis
- 250g Kartoffeln
- 500g Rosenkohl
- 1 Scheibe Katenschinken

Zubereitung

Zunächst die Kartoffeln waschen und in kleine Stücke schneiden. Nun den Rosenkohl gut putzen und halbieren. Kürbis schälen, entkernen und in mundgerechte Stücke schneiden. Katenschinken in Streifen schneiden. Zwiebeln schälen und würfeln.

Das Öl in einem Topf erhitzen und den Schinken knusprig anbraten. Die gewürfelten Zwiebeln hinzugeben und anbraten. Das Curry-Pulver darüber streuen und ganz kurz anschwitzen. (Vorsicht: nicht zu lange, dann wird das Curry bitter). Mit etwa 800 ml Wasser ablöschen und die Instant-Gemüsebrühe unterrühren.

Kürbis, Rosenkohl und die Kartoffeln hinzufügen. Das Ganze einmal aufkochen lassen und anschließend bei mittlerer Hitze zugedeckt 25 Minuten garen lassen.

Zum Schluss mit Salz, Pfeffer und bei Bedarf mit etwas Curry-Pulver abschmecken.

Zubereitungszeit

40 Minuten

Nährwerte pro Person:

470kcal | 28g Kohlenhydrate | 28g Fett | 23g Eiweiß

Torero-Kartoffel-Pott

Ein deftiger Kartoffel-Eintopf mit spanischem Einschlag.
Schnell gemacht, leicht bekömmlich und gleichzeitig herzhaft-feurig.
Einfach schmackhaft.

Zutaten

- je eine ½ grüne und rote Paprika
- 1 Knoblauchzehe
- 1 Esslöffel Olivenöl
- eine ganz feine Prise Safran
- ½ Lorbeerblatt
- 400 ml Instant-Gemüsebrühe
- 2 mittelgroße Zwiebeln
- 500g Kartoffeln
- 100g Chorizo

Zubereitung

Zunächst die Zwiebeln schälen und längs achteln. Die Paprikaschoten waschen, entkernen und in mundgerechte Streifen schneiden. Kartoffeln schälen, waschen und in kleine Stücke schneiden (ca. 2 cm groß). Chorizo schälen und in ca. ½ cm, dicke Scheiben schneiden. Anschließend den Knoblauch fein hacken.

Das Olivenöl in einem ausreichend großen Topf erhitzen und die Paprikastreifen darin 2 bis 3 Minuten anbraten und anschließend herausnehmen und zur Seite legen. Die Chorizo und die Zwiebeln kurz anbraten und den Knoblauch hinzugeben.

Anschließend die klein geschnittenen Kartoffeln hinzufügen und das Ganze mit der Instant-Gemüsebrühe ablöschen. Den Safran und das Lorbeerblatt dazu geben und kurz aufkochen lassen.

Den Eintopf knapp 20 Minuten bei mittlerer Hitze zugedeckt köcheln lassen. Anschließend die zur Seite gestellten Paprikastreifen wieder hinzugeben und ca. 3 Minuten ebenfalls köcheln lassen. Zum Schluss das Ganze mit Salz und Pfeffer abschmecken.

Zubereitungszeit

40 Minuten

Nährwerte pro Person:

365kcal | 29g Kohlenhydrate | 19g Fett | 14g Eiweiß

Orientalischer Grünkohl-Pott (V)

Garantiert so noch nie auf den Tisch gekommen – Der etwas andere Grünkohl-One-Pot, der garantiert für eine kulinarische Überraschung sorgt. Geschmacksintensiv, pfiffig und leicht bekömmlich.
Am besten sofort ausprobieren!

Zutaten

- 200g frischen Grünkohl
- 100g Kartoffeln
- 70g Zwiebeln
- 10g Butter
- 50g Möhren
- 100 ml ungesüßte Kokosmilch
- 10g Haferflocken aus Hafervollkorn
- 25g rote Linsen
- ½ Chilischote

Zubereitung

Den Grünkohl gut waschen und in einem Topf mit gesalzenem Wasser für etwa 3 Minuten kochen. Anschließend in ein Sieb geben und gut abtropfen lassen. Die roten Linsen ebenfalls in leicht kochendem Wasser etwa 8 bis 10 Minuten garen. Erst danach leicht salzen und in einem Sieb mit kaltem Wasser abschrecken und abtropfen lassen.

Die Zwiebeln schälen und in feine Streifen schneiden. Kartoffeln und Möhren schälen und in kleine (ca. 2cm) Würfel scheiden. Die Chilischote putzen und in ganz dünne Scheibchen schneiden.

Die Butter in einem ausreichend großen Top erhitzen und die Zwiebeln und die Chili darin andünsten (Vorsicht: je länger die Chili angedünstet wird, desto mehr Schärfe entwickelt sie. Sie können diese auch erst später in den Eintopf unterrühren und nur ein paar Minuten mitkochen).

Den Grünkohl dazu geben und mit etwas Salz, Pfeffer und eventuell einer Prise Zucker bestreuen und knapp 3 Minuten mitdünsten. Anschließend die Hälfte der Kokosmilch und der Instant-Gemüsebrühe hinzufügen und zugedeckt gute 10 Minuten köcheln lassen.

Anschließend die Kartoffeln und die Möhren sowie die restliche Kokosmilch und Instant-Gemüsebrühe dazu geben. Die Haferflocken unterrühren und das Ganze gute 45 Minuten lang bei mittlerer Hitze köcheln lassen. Am Ende der Garzeit die Linsen unterrühren und das Ganze mit Salz und Pfeffer abschmecken.

Zubereitungszeit

1 Stunde und 20 Minuten

Nährwerte pro Person:

320kcal | 25g Kohlenhydrate | 18g Fett | 11g Eiweiß

Exotischer Kartoffel-Pott mit Garnelen

Schlemmen wie im Urlaub in Asien. In diesem Eintopf treffen kulinarische Feinheiten zusammen, die eher selten gemeinsam auf den Tisch kommen. Das heißt aber nicht, dass sie nicht hervorragend miteinander harmonieren.

Ein leichter Genuss voller exotischer Geschmackserlebnisse.

Zutaten

- 3 Esslöffel Speiseöl (kein Olivenöl!)
- 200 ml ungesüßte Kokosmilch
- 300g festkochende Kartoffeln
- ½ mittelgroße Zwiebel
- 1 Teelöffel Curry-Paste (Asia-Markt)
- ½ Zitrone
- ½ kleine rote Paprika
- 3 Stiele frisches Koriandergrün
- 4 Garnelen (Ohne Schale und Kopf)

Zubereitung

Die Garnelen gut mit kaltem Wasser waschen und in eine Schüssel geben. Die Korianderblätter abzupfen, klein schneiden und mit 4 Esslöffeln Speiseöl (relativ geschmacksneutral) vermischen. 2 Esslöffel von dem Korianderöl sowie 2 Esslöffel des frischen Zitronensafts zu den Garnelen geben und vermischen. Für kurze Zeit bei Seite stellen, gern auch in den Kühlschrank.

In der Zwischenzeit die Zwiebeln in dünne, halbe Ringe schneiden. Kartoffeln schälen und in kleine Würfel schneiden. Paprika waschen, entkernen und in mundgerechte Streifen schneiden.

Anschließend 1 Esslöffel vom Öl im Topf erhitzen und die Garnelen gute 3 Minuten braten. Danach werden diese sofort wieder aus dem Topf entfernt.

Nun die Zwiebeln leicht andünsten und mit 200 ml Wasser sowie mit 200 ml Kokosmilch ablöschen. Dann die Kartoffeln und die Currypaste zuführen und verrühren.

Das Ganze gute 10 Minuten bei mittlerer Hitze köcheln lassen. Dann die Paprikastreifen hinzufügen und weitere 10 Minuten bei mittlerer Hitze köcheln lassen. Kurz vor Ablauf dieser Zeit die Garnelen hinzugeben, um diese wieder auf Temperatur zu bringen. Danach mit Salz, Pfeffer und eventuell etwas Zitronensaft abschmecken und anschließend servieren.

Bei Bedarf haben Sie natürlich auch hier die Möglichkeit, dass Sie die eingelegten Garnelen parallel in einer Pfanne zubereiten, um etwas Zeit einzusparen. Jedoch muss sich anschließend ein Freiwilliger finden, der die Pfanne säubert.

Zubereitungszeit

35 Minuten

Nährwerte pro Person:

465kcal | 23g Kohlenhydrate | 34g Fett | 14g Eiweiß

Einfacher Pott mit Mettbällchen

Durch und durch ein Klassiker, der nach bodenständiger Hausmannskost schmeckt und duftet. Hier frönt man den einfachen Gaumenfreuden ohne viel exotisches Tamtam. Besonders lecker: Die selbstgemachten Mettbällchen.

Zutaten

- 200g Mett (gewürzt)
- 400g Kartoffeln
- 375 ml Instant-Gemüsebrühe
- ½ Lorbeerblatt
- 1/3 Bund Schnittlauch
- 250g Kohlrabi
- 200g Möhren
- 1 Eigelb
- 3 gestrichene Esslöffel Semmelbrösel

Zubereitung

Das gewürzte Mett mit den Semmelbröseln und dem Eigelb gut vermischen. Daraus dann kleine Bällchen (etwa Walnuss groß) formen und diese zur Seite stellen.

Kohlrabi waschen und in ca. 1 cm dicke Scheibchen schneiden. Die Möhren schälen und ebenfalls in etwa 1 cm, dicke Scheibchen schneiden. Die Kartoffeln schälen, abspülen und in. 2 cm große Würfel schneiden.

In einem ausreichend großem Topf Instant-Gemüsebrühe aufkochen und das Lorbeerblatt sowie die Kartoffeln dazu geben und das Ganze knapp 5 Minuten köcheln lassen. Anschließend die Möhren und den Kohlrabi hinzufügen, nochmals aufkochen.

Die Mettbällchen vorsichtig dazu geben (nicht hineinwerfen) und dann alles zusammen zugedeckt bei mittlerer Hitze weitere gute 10 bis 15 Minuten köcheln lassen.

Den Schnittlauch währenddessen in keine Röllchen schneiden. Zum Schluss den Eintopf mit Salz und Pfeffer abschmecken und mit dem Schnittlauch garnieren und servieren.

Zubereitungszeit

40 Minuten

Nährwerte pro Person:

457kcal | 37g Kohlenhydrate | 21g Fett | 23g Eiweiß

Grüne-Bohnen-Pott mit Kassler

Ein deftiger Bohnen-Eintopf wie von der Großmutter – bodenständig und herzhaft, so wie man es gern hat. Es müssen ja nicht immer exotische Geschmacksrichtungen sein. Das Einfachste ist schließlich nur zu oft das Beste. Für Liebhaber von grünen Bohnen ist dieser One Pot einfach ein Gedicht.

Zutaten

- 1 mittelgroße Zwiebel
- 100g Kartoffeln
- 100g Möhren
- ½ Liter Rindfleischbrühe
- 1 Esslöffel Speiseöl
- 200g Nacken-Kasseler

Zubereitung

Zunächst die grünen Bohnen gut waschen, die Enden entfernen und klein schneiden (am besten halbieren). Kartoffeln schälen und in kleine Würfel schneiden. Möhren schälen und in dünne Scheiben schneiden. Die Zwiebel ebenfalls schälen und fein würfeln. Das Kasseler in ausreichend große Stücke bringen.

In einem großen Topf das Öl erhitzen und das Kasseler darin kurz anbraten. Anschließend die Möhren, Kartoffeln und Zwiebeln hinzuführen, verrühren und ebenfalls kurz mit dünsten.

Das Ganze mit der Fleischbrühe auffüllen (gerne auch noch den Knochen vom Kasseler dazu geben und mitkochen – dieser verleiht eine besondere, geschmackliche Note). Etwas mit Pfeffer würzen.

Vorsicht mit Salz – Kasseler ist schon sehr salzig und es besteht die Gefahr, das Gericht zu versalzen. Daher gern am Tisch nach Bedarf nachsalzen.

Alles zusammen einmal aufkochen und anschließend etwa 15 Minuten bei mittlerer Hitze köcheln lassen. Vor dem Servieren den Knochen herausnehmen.

Zubereitungszeit

30 Minuten

Nährwerte pro Person:

485kcal | 24g Kohlenhydrate | 33g Fett | 26g Eiweiß

Schweizer Hütten-Pott (V)

Wie von den Eidgenossen am liebsten genossen zeichnet sich dieser herzhafte Eintopf vor allem dadurch aus, dass er mit leckerem Emmentaler verfeinert wird. Zudem kommt er ganz ohne Fleisch aus und – keine Sorge – man muss nicht auf das volle Geschmackserlebnis verzichten.
Daher ist dieser One Pot auch für Vegetarier bestens geeignet.

Zutaten

- 1 (nicht allzu große) Möhre
- 130g Kartoffeln
- 125 ml Milch
- ½ (eher kleine) Zwiebel
- 25g Spinat
- 1 Frühlingszwiebel
- ¼ Liter Gemüsebrühe
- 1 Esslöffel Rahm
- 10g Butter
- 100g Emmentaler (gerieben)

Zubereitung

Zu Beginn die Zwiebel schälen und klein würfeln. Die Möhre schälen und in kleine Stücke schneiden. Die Frühlingszwiebel längs halbieren und in halbe Ringe schneiden.

Die Butter in einem ausreichend großen Topf erhitzen und die Zwiebel, die Frühlingszwiebel und die Möhre darin andünsten. Das Ganze mit der Gemüsebrühe ablöschen und einmal kurz aufkochen.

Die Kartoffeln schälen und in mundgerechte Scheiben schneiden und diese mit in den Topf geben. Das Ganze zugedeckt ca. 20 Minuten bei mittlerer Hitze köcheln lassen.

Anschließend den Spinat dazu geben und den geriebenen Käse darüber streuen. Wenn der Käse geschmolzen ist noch den Rahm unterrühren und alles mit Salz und Pfeffer abschmecken.

Guten Appetit!

Zubereitungszeit

30 Minuten

Nährwerte pro Person:

360kcal | 21g Kohlenhydrate | 20g Fett | 20g Eiweiß

Kohl-Pott nach Omas Art

Für Liebhaber von Kohl und der besonders deftigen, einfachen Küche ist dieser Eintopf genau das Richtige. Hier wird nicht lang drum herum gemacht, sondern ein bodenständiges, altmodisches Gericht auf den Tisch gezaubert
Einfach schmecken lassen!.

Zutaten

- ½ Zwiebel
- ½ Bund Petersilie
- 1 Prise getrockneter Majoran
- ½ Liter Rinderbrühe
- ½ Kopf Kohl
- 1 Knoblauchzehe
- 1 große Kartoffel
- 50g Speck

Zubereitung

Zunächst den Kohl halbieren und den Strunk entfernen. Diesen danach in feine Streifen schneiden. Die Zwiebel und den Knoblauch schälen und fein hacken. Die Kartoffeln schälen und diese sowie den Speck in Würfel schneiden. Die Petersilie waschen und klein hacken.

Den Kohl in gesalzenes Wasser geben und gute 20 Minuten weich kochen.

Wenn es schneller gehen soll:
In einem separaten Topf etwas Öl erhitzen und den Speck gut anbraten. Den Knoblauch und die Zwiebeln hinzufügen und kurz andünsten. Die Rinderbrühe hinzu geben und mit Majoran würzen.

Die Kartoffeln sowie den weich gekochten Kohl dazu geben und das Ganze 10 bis 15 Minuten köcheln lassen. Zum Schluss mit Salz und Pfeffer abschmecken.

Sonst warten Sie bis der Kohl weich ist, nehmen diesen aus dem Topf und fahren dann mit dem Anbraten des Specks fort.

Zubereitungszeit

40 Minuten

Nährwerte pro Person:

230kcal | 20g Kohlenhydrate | 8g Fett | 17g Eiweiß

Gemüse-Rind One Pot

Verschiedene gesunde Gemüsesorten und eine Portion deftiges Rindfleisch – was kann man mehr von einem magenfüllenden One Pot erwarten? Genießer, die auch auf eine ausgewogene Ernährung achten, landen hier einen Volltreffer.

Zutaten

- 1 mittelgroße Zwiebel
- 1 Liter Gemüsebrühe
- 500g Wirsingkohl
- 200g Kartoffeln
- 100g Möhren
- 100g Lauch (Porree)
- 1 Lorbeerblatt
- 1 Teelöffel frischer Majoran
- ½ Teelöffel Schweineschmalz
- 250g Rindfleisch

Zubereitung

Zu Beginn die Zwiebel schälen, würfeln und das Rindfleisch in mundgerechte Stücke schneiden.

Danach den Schweineschmalz in einem ausreichend großen Topf erhitzen und die Zwiebeln sowie das Rindfleisch darin leicht anbraten. Anschließend mit der Gemüsebrühe ablöschen, den Lorbeer hinzufügen und eine knappe Stunde bei mittlerer Hitze zugedeckt köcheln lassen.

In der Zwischenzeit den Wirsing von den äußeren Blättern befreien und diesen in mundgerechte Stücke schneiden, gern grob würfeln. Kartoffeln schälen und ebenfalls grob würfeln. Möhren schälen und in feine Scheiben schneiden.

Nach der Stunde Garzeit die Möhren, den Wirsing und die Kartoffeln mit in den Topf geben. Weiterhin 10 Minuten köcheln lassen.

Den Lauch währenddessen waschen und in ca. 1 cm dicke Ringe schneiden. Nach den 10 Minuten Garzeit den Lauch mit in den Topf geben und alles zusammen weitere 5 Minuten köcheln lassen.

Währenddessen den Majoran waschen, die Blätter abzupfen und klein hacken. Zum Schluss unter den Eintopf rühren und das Ganze mit Salz und Pfeffer abschmecken. Eventuell noch mit etwas Gemüsebrühe auffüllen.

Zubereitungszeit

1 Stunde und 30 Minuten

Nährwerte pro Person:

520kcal | 23g Kohlenhydrate | 27g Fett | 39g Eiweiß

One Pot – Die freie Kategorie

Sie haben bereits unsere extravagante One-Pot-Pasta, unseren exotischen One-Pot-Reis sowie die trendigen Kartoffel-One-Pot´s nach Großmutters Art kennenlernen und probieren können. Um Ihnen rund um die Thematik „One Pot“ nichts vorzuenthalten, haben wir für Sie die „freie Kategorie“ ins Leben gerufen.

Hier erwarten Sie Gerichte aller Art, die sich nicht in die bereits bekannten Kategorien einfügen lassen. Seien Sie auf gut bürgerliche Küche, orientalischen Flair und exotische Geschmäcker gespannt.

Für Liebhaber aller Klassen ist hier das richtige dabei.

Und wie immer gibt es alles – aus nur einem Topf!

Freuen Sie sich auf:

Mediterraner Champion

Fruchtig & deftig. Auch alle Pilzliebhaber kommen hier auf ihre Kosten.
Mit viel gesundem Gemüse und herzhafter Fleischeinlage.
Perfekt für den frühen Abend.

Zutaten

- ½ Teelöffel Instant-Gemüsebrühe und Wasser
- ½ Esslöffel Speiseöl
- ¼ Töpfchen Thymian
- 2 Tomaten (mittelgroß)
- 100g feine, ungebrühte Bratwurst
- 200g Zucchini
- 200g Möhren
- 200g frische Champions
- Bei Bedarf: etwas Worchester-Sauce

Zubereitung

Drücken Sie zu Beginn die Bratwurst aus der Pelle und formen Sie aus der Masse kleine Klößchen. Danach etwas Öl im Topf erhitzen und die Klößchen goldbraun durchbraten.

In der Zwischenzeit die Zucchini und die Möhren waschen und schneiden. Champignons gut putzen, Thymian waschen und die Blättchen abzupfen.

Die gebratenen Bratwurst-Klößchen nun aus dem Topf entfernen und bei Seite stellen.

Erneut etwas Öl in unserem Topf erhitzen und das Gemüse zusammen mit dem Thymian andünsten. Die Gemüsebrühe dazu gießen und anschließend das Ganze zugedeckt für etwa 10 Minuten garen lassen.

In der Zwischenzeit die Tomaten zweimal längs schneiden und mit kochendem Wasser übergießen und die Haut abziehen. Dann die Tomaten würfeln und bis zum Ende der Garzeit liegen lassen.

Anschließend die Klößchen und die Tomaten-Würfel mit in den Topf geben und das Ganze mit Salz, Pfeffer und gerne etwas Worchester-Sauce abschmecken.

Sie haben es eilig? Dann vergessen Sie für kurze Zeit das „One-Pot-Universum" und bereiten Sie die Bratwurst-Klößchen parallel in einer Pfanne zu und geben Sie den Inhalt ebenfalls gegen Ende mit in den Topf. Aber bedenken Sie: Die eingesparte Zeit ereilt Sie anschließend beim Abwasch.

Zubereitungszeit

35 Minuten

Nährwerte pro Person:

280kcal | 13g Kohlenhydrate | 19g Fett | 12g Eiweiß

Frühlingserwachen (V)

Ein hervorragender Frühling ohne Fleisch, der leicht schmeckt und gut bekömmlich ist. Perfekt für ein nicht zu schweres Mittagessen oder einfach mal als kleine Mahlzeit zwischendurch.
Sehr gut geeignet für Diäten mit Kaloriendefizit.

Zutaten

- 1 ½ Esslöffel Speiseöl
- ½ Teelöffel Tomatenmark
- 1 ½ mittelgroße Zwiebeln
- ¾ Liter Instant-Gemüsebrühe
- ¼ Bund frischer Basilikum
- 250g Tomaten-Würfel
- 200g Möhren
- 200g Kohlrabi
- 250g Porree

Zubereitung

Porree waschen und in Ringe schneiden. Zwiebeln schälen und grob schneiden. Möhren waschen und in Scheiben schneiden. Kohlrabi putzen und in Stifte schneiden. Tomaten waschen und vierteln.

Öl in einem ausreichend großen Topf erhitzen. Zwiebeln zuerst kurz anbraten und anschließend Porree hinzugeben und ebenfalls kurz anbraten. Die Hälfte der Tomaten sowie das Tomatenmark hinzufügen und das Ganze kurz andünsten. Die Gemüsebrühe dazugeben, ablöschen und heiß aufkochen.

Die Möhren und den Kohlrabi zuführen und anschließend bei mittlerer Hitze zugedeckt ca. 15 Minuten köcheln lassen.

In der Zwischenzeit den Basilikum waschen und die Blätter abzupfen und klein schneiden.

Das Ganze mit Salz, weißem Pfeffer und eventuell einer Prise Zucker abschmecken. Anschließend die restlichen Tomaten und den Basilikum unterheben

Guten Appetit!.

Zubereitungszeit

45 Minuten

Nährwerte pro Person:

170kcal | 18g Kohlenhydrate | 6g Fett | 6g Eiweiß

Spitzkohl-Pott mit orientalischem Flair (V)

Okzident trifft auf Orient – eine leckere Kreation mit heimischen Kohl und exotischen Kichererbsen. Ein leichter Eintopf mit kulinarischer Überraschungsgarantie. Auch perfekt für ernährungsbewusste Leckermäuler geeignet.

Zutaten

- 1 Esslöffel Speiseöl
- 1 Schalotten-Zwiebel (rote Zwiebel)
- ½ rote Paprika
- 1 Knoblauchzehe
- 1 Teelöffel Instant-Gemüsebrühe
- 1 Teelöffel Koriander (gemahlen)
- 200 ml ungesüßte Kokosmilch
- ½ Teelöffel Zitronensaft
- 1 Teelöffel schwarzer Sesam
- ½ Teelöffel Sesamöl
- 300g Spitzkohl
- ½ Dose Kichererbsen (450g Dose)

Zubereitung

Zunächst die Paprika gut waschen und klein schneiden. Die Kichererbsen in ein Sieb geben, waschen und gut abtropfen lassen. Den Spitzkohl putzen, den Strunk entfernen und in knapp 1 cm lange Streifen schneiden. Knoblauch schälen und in hauchdünne Scheibchen schneiden. Zwiebeln schälen und anschließend in dünne Ringe schneiden.

Öl in einem ausreichend großen Top erhitzen, Zwiebeln und Knoblauch zuerst andünsten. Dann ebenfalls den Paprika dazu geben und andünsten. Anschließend mit einem ¼ l Wasser ablöschen und die Kokosmilch dazu geben.

Die Instant-Gemüsebrühe unterrühren und das Ganze einmal aufkochen.

Den Spitzkohl dazu geben und das Ganze knapp 5 Minuten köcheln lassen. Anschließend die Kichererbsen hinzufügen und nochmal ca. 5 Minuten köcheln lassen. Zum Schluss den gemahlenen Koriander und den Zitronensaft hinzugeben und abschmecken. Als Letztes mit Sesamöl und Sesam bestreuen.

Zubereitungszeit

30 Minuten

Nährwerte pro Person:

310kcal | 19g Kohlenhydrate | 8g Fett | 21g Eiweiß

Maharadscha-Linsen-Pott (V)

Ein leicht bekömmlicher Linseneintopf, der für ein exotisch-indisches Geschmackserlebnis, wie am Hofe der Maharadschas, sorgt. Das Gegenteil eines langweiligen Eintopfs, aber trotzdem einfach und schnell zubereitet. Schmeckt auch als Beilage hervorragend.

Zutaten

- 1 mittelgroße Zwiebel
- 25g frischer Ingwer
- 1 Esslöffel Speiseöl (kein Olivenöl)
- 1 Knoblauchzehe
- 1 Teelöffel scharfes Curry-Pulver
- 1 Prise Zucker (gerne braunen Rohrzucker)
- 1 Spritzer Limettensaft
- 350g Möhren
- 125g gelbe Linsen
- 50g ungesüßter (zum Beispiel griechischer) Sahnejoghurt
- ½ Teelöffel Koriandergrün (falls vorhanden)

Zubereitung

Die Linsen in ausreichend Wasser für etwa. 5 bis 8 Minuten kochen.
(Vorsicht: Sie dürfen nicht zu weich werden und zerfallen).
Dann in einem Sieb abtropfen lassen und zur Seite stellen.

Den Knoblauch, den Ingwer und die Zwiebeln schälen und klein würfeln. Die Möhren schälen, waschen und in dünnen Scheiben schneiden.

Das Öl in einem ausreichend großen Topf erhitzen und den Ingwer, den Knoblauch und die Zwiebeln darin ein paar Minuten glasig dünsten. 2 Esslöffel Wasser hinzugeben und die Möhren, eine Prise Zucker und das Curry-Pulver für etwa 2 Minuten mitdünsten.

Anschließend 500 ml Wasser hinzugeben, leicht salzen und die zur Seite gestellten Linsen einfügen. Das Ganze gute 10 bis 15 Minuten bei mittlerer Hitze zugedeckt köcheln lassen.

Zum Schluss den Sahnejoghurt unterrühren und den Eintopf mit Salz und Pfeffer abschmecken. Vor dem Servieren gerne noch mit dem Koriandergrün garnieren.

Zubereitungszeit

35 Minuten

Nährwerte pro Person:

330kcal | 42g Kohlenhydrate | 9g Fett | 16g Eiweiß

Dicke Kürbiscreme-Kokossuppe mit Garnelen

Als Suppe getarnter One Pot voller exotischer Geschmacksüberraschungen. Diese Mahlzeit zergeht im Mund und kann als kleine Vorspeise oder als vollwertiges Hauptgericht serviert werden.
Besonderes Schmankerl: Die Garnelen.
An diesem Rezept dürfen Sie nicht vorbeigehen.

Zutaten

- 1 Knoblauchzehe
- 6 Esslöffel Speiseöl
- 15g frischer Ingwer
- 600g Kürbis (am besten Hokkaido)
- 10 Stiele Koriandergrün
- 200 ml ungesüßte Kokosmilch
- 400 ml Gemüsebrühe
- 1 Prise Chiliflocken
- 1 Spritzer Limettensaft
- 12 kleine Garnelen (tiefgekühlt und geschält)

Zubereitung

Die Garnelen vor Beginn auftauen lassen.

Starten Sie anschließend damit, die Garnelen mit etwas Öl im Topf für etwa 4 Minuten zu braten. Danach entfernen Sie diese und stellen sie bei Seite.

Nun den Ingwer, Knoblauch und den Kürbis schälen. Den Kürbis möglichst in grobe Würfel schneiden und den Ingwer sowie den Knoblauch fein hacken. Die Korianderblättchen abzupfen, klein schneiden und zur Seite stellen.

4 Esslöffel Öl im Topf erhitzen und den Ingwer, den Knoblauch und die Kürbisstücke knapp 3 Minuten andünsten. Die Kokosmilch und die Gemüsebrühe hinzugeben und mit etwas Salz und einer kleinen Prise Chiliflocken (Vorsicht: je länger und je mehr davon mitgekocht werden, desto mehr Schärfe entwickelt sich) für etwa 20 bis 25 Minuten bei mittlerer Hitze zugedeckt köcheln lassen beziehungsweise weich garen.

Anschließend das Ganze gut pürieren, bestenfalls mit einem Pürierstab, da es eine dickflüssige, cremige Suppe ergeben soll. Diese dann mit Limettensaft und Salz abschmecken.

Danach die Suppe auf Tellern verteilen und mit den Garnelen, dem Koriander und eventuell noch ein paar Chiliflocken garnieren und servieren.

Wenn Sie unter Zeitdruck stehen, dann bereiten Sie die Garnelen einfach parallel in einer Pfanne zu, währenddessen die restlichen Zutaten kochen. Wahre One-Pot-Fans verzichten jedoch auf diese Methode – aus Liebe zum Topf.

Zubereitungszeit

45 Minuten

Nährwerte pro Person:

760kcal | 48g Kohlenhydrate | 49g Fett | 25g Eiweiß

Exotischer Möhren-Linsen-Pott mit Frikadellchen

Die Möhren und Linsen passen einfach hervorragend zusammen in einen Topf, vor allem in einen solch pikanten wie diesen. Bodenständig, aber auch mit einem leicht feurigen Temperament – mit dieser Kombination erfreut man einfach alle am Tisch. Vor allem die herzhafte Einlage aus selbstgemachten, kleinen Frikadellen gibt dem Ganzen den besonderen Kick.

Zutaten

- 2 Esslöffel Speiseöl
- 1 mittelgroße Zwiebel
- 1 Scheibe Toast
- 2 Knoblauchzehen
- 2 Frühlingszwiebeln
- 10g frischer Ingwer
- 1 Eigelb
- 300g Möhren
- 100g rote oder gelbe Linsen
- 2 Esslöffel Limettensaft
- 2 Stiele Petersilie
- 200g Hackfleisch (am besten gemischt)
- ½ Mango
- 2 Esslöffel Paprikapaste (El Ajvar)

Zubereitung

Den Toast fein zerkrümeln, die Frühlingszwiebeln fein hacken, 1 Knoblauchzehe klein schneiden und das Ganze in eine Schüssel geben. Das Hackfleisch, das Eigelb und 1 Esslöffel Paprikapaste dazu geben und alles zusammen mit ausreichend Salz und Pfeffer gut durchkneten. Aus der Masse kleine Frikadellen formen (ca. 10 bis 12 Stück) und diese direkt mit etwas Öl im Topf beidseitig gut durchbraten. Das Resultat nun bei Seite stellen.

Nun die Zwiebeln sowie den restlichen Knoblauch schälen und klein schneiden. Den Ingwer schälen und am besten mit einer Reibe zerkleinern. 1 Esslöffel Öl im Topf erhitzen und darin die Zwiebeln, den Knoblauch und den Ingwer kurz andünsten.

Die Linsen in einem Sieb abwaschen und abtropfen lassen. Die Möhren schälen und in kleine Würfel schneiden. Anschließend beides mit in den Topf geben und alles zusammen gut durchrühren. 500 ml Wasser hinzugießen und zugedeckt 10 bis 15 Minuten mild köcheln lassen (bis die Linsen schön weich sind).

Dann das Ganze mit der restlichen Paprikapaste, Salz und Pfeffer abschmecken.

In der Garzeit die Mango schälen und entkernen und in feine Würfel schneiden. Die Petersilienblätter vom Stiel zupfen und fein hacken. Mango, Petersilie und den Limettensaft in einer Schüssel gut vermengen und mit Salz und Pfeffer abschmecken.

Das Ganze wird zum Schluss mit den Frikadellen und der Mango-Salsa garniert und serviert.

Auch hier besteht die Möglichkeit die Frikadellen parallel in einer Pfanne zu braten, um ein wenig Zeit zu sparen, aber dann ist es kein märchenhafter One-Pot mehr.

Zubereitungszeit

45 Minuten

Nährwerte pro Person:

690kcal | 52g Kohlenhydrate | 34g Fett | 36g Eiweiß

Broccoli-Linsen-Möhren-Pott mit Wiener Würstchen

Schnell gemacht und preiswert – diesen leckeren, herzhaften und gesunden Eintopf zaubert man kurz aus dem Ärmel. Bodenständige Hausmannskost, die trotz aller Einfachheit zu überzeugen versteht. Perfekt für das kleine Mittagessen, dem es nicht an Frische fehlen soll.

Zutaten

- 1 kleinen Broccoli
- 2 Lorbeerblätter
- 50g rote Linsen
- 1 Teelöffel getrockneter Majoran
- 4 Möhren (nicht zu groß)
- 1 Knoblauchzehe
- 2 Frühlingszwiebeln
- 4 Wiener Würstchen

Zubereitung

Zu Beginn den Majoran, Knoblauch und das Salz in 1 Liter Wasser geben und aufkochen.

Die Möhren schälen und in dünne Scheiben schneiden. Den Broccoli in kleine Röschen zerteilen. Möhren, Broccoli und die Linsen in das Wasser geben und zugedeckt 10 bis 15 Minuten bei mittlerer Hitze köcheln lassen (bis die Linsen schön weich sind).

Die Frühlingszwiebeln in kleine Ringe schneiden. Die Wiener Würstchen in ca. 1 cm dicke Scheiben schneiden. Beides mit in den Topf geben und nochmal kurz aufkochen und abschmecken.

Zubereitungszeit

25 Minuten

Nährwerte pro Person:

460kcal | 23g Kohlenhydrate | 28g Fett | 27g Eiweiß

Fruchtiger Linsen One Pot – Plus(V)

Dieser One Pot bietet eine ganze Menge kulinarische Genüsse und schmeckt fruchtig und ist durch und durch gesund. Auch für Veganer geeignet oder für die, die es gern einmal ausprobieren möchten.

Vollwertiger Geschmack ist hier garantiert.

Zutaten

- 3 Esslöffel Olivenöl
- ½ Esslöffel Kreuzkümmelsaat
- ½ Zimtstange
- 100g Zwiebeln
- 1 ½ Knoblauchzehen
- ½ rote Chilischote
- 1 Dose geschälte Tomaten (400g Dose)
- 200g Auberginen
- 125g gelbe Linsen
- 2 Frühlingszwiebeln
- 1 Esslöffel Rosinen
- 1 Prise brauner Zucker
- 1 Limette
- ½ Bund Koriandergrün
- 250ml Gemüsefond

Zubereitung

Die Kreuzkümmelsaat in unserem Topf ohne Fett kurz anrösten und zur Seite stellen.

Anschließend die Aubergine waschen, zerkleinern und im Topf mit etwas Öl von allen Seiten anbraten. Danach leicht mit Salz und Pfeffer würzen und bei Seite stellen.

Nun die Zwiebeln und den Knoblauch kleinschneiden und mit 2 Esslöffel Öl im Topf glasig dünsten. Die Chilischote klein schneiden und samt Zimt und der angerösteten Kreuzkümmelsaat kurz mitdünsten. Anschließend eine Prise braunen Zucker darüber streuen und leicht karamellisieren lassen.

Die geschälten Tomaten und den Gemüsefond hinzufügen und offen bei mittlerer Hitze knapp 20 Minuten köcheln lassen.

Die Linsen in einem Sieb waschen und gut abtropfen lassen.

Nach der Garzeit die Rosinen sowie die Linsen mit in den Topf geben und weitere 15 bis 20 Minuten zugedeckt köcheln lassen. 5 Minuten vor dem Ende der Garzeit die Auberginenstückchen hinzu geben.

Die Frühlingszwiebeln klein schneiden und die Petersilienblätter abzupfen und klein hacken.

Den fertigen One Pot mit Salz, Pfeffer, dem Limettensaft und eventuell etwas braunem Zucker abschmecken. Anschließend mit der Petersilie und den Frühlingszwiebeln garnieren und servieren.

Bei Bedarf dürfen Sie auch hier mit einer Pfanne arbeiten, wenn Sie mögen, um die Aubergine parallel anzubraten. Dabei können Sie, wenn nötig, etwas Zeit sparen.

Zubereitungszeit

1 Stunde und 10 Minuten

Nährwerte pro Person:

390kcal | 43g Kohlenhydrate | 14g Fett | 18g Eiweiß

Buntes Gemüse-Couscous (V)

Heimisches Gemüse trifft auf orientalisches Couscous – dieses One Pot Rezept ist leicht und bekömmlich und eignet sich sowohl als Beilage als auch als ernährungsbewusste Hauptmahlzeit.

Zutaten

- 1 rote Paprika
- 200g Broccoli-Röschen
- 75g Tiefkühl-Erbsen
- 1 mittelgroße Möhre
- 2 Frühlingszwiebeln
- 1 Knoblauchzehe
- 2 Esslöffel Olivenöl
- 1 Teelöffel Harissa (nordafrikanische, scharfe Gewürzpaste)
- 1 Esslöffel Currypulver
- 200 ml Gemüsebrühe
- 100g Couscous (am besten Vollkorn)

Zubereitung

Zu Beginn den Knoblauch und die Zwiebeln schälen und diese fein würfeln. Möhren schälen und längs halbieren und in dünne, halbe Scheiben schneiden. Broccoli-Röschen waschen und klein reißen. Paprika waschen, entkernen und in Streifen schneiden und am besten nochmal halbieren.

Öl in einem ausreichend großen Topf erhitzen. Zwiebeln, Knoblauch, Paprika, und Broccoli ca. 5 Minuten darin andünsten.

Nun die Erbsen, das Currypulver und die Harissa-Paste dazu geben und unterrühren. Kurz erhitzen und dann mit der Gemüsebrühe ablöschen.

Das Ganze ca. 1 Minute aufkochen lassen. Anschließend den Couscous dazugeben und gut mischen. Auf der ausgeschalteten Herdplatte stehen lassen und ca. 5 Minuten quellen und ziehen lassen.

In der Zwischenzeit die Frühlingszwiebeln waschen, längs halbieren und in feine halbe Ringe scheiden. Vor dem Servieren den fertigen Couscous damit garnieren.

Zubereitungszeit

20 Minuten

Nährwerte pro Person:

326kcal | 56g Kohlenhydrate | 4g Fett | 13g Eiweiß

Angolischer Feuerzauber

Entdecken Sie den pikanten Eintopf aus dem afrikanischen Angola. Leicht scharf, aber auch fruchtig und herb. Dieser One-Pot wird ausnahmsweise nicht in einem Topf, sondern in einer einzigen Pfanne zubereitet.

Viel Spaß beim Ausprobieren und Genießen.

Zutaten

- 1 ½ Esslöffel Tomatenmark
- 1 Lorbeerblatt
- ½ Esslöffel Essig
- 65 ml Wasser
- 1 große Fleischtomate
- ½ Zwiebel
- 1 ½ Paprika (gerne rot und grün gemischt)
- 1 Knoblauchzehe
- ½ Brühwürfel
- 2 Esslöffel Speiseöl
- 200g Pilze (Sorte nach Belieben)
- 150g Kotelett
- Piri Piri oder Semul (je nach Bedarf)

Zubereitung

Zu Beginn den Knoblauch schälen und klein hacken. Öl, Essig, Lorbeer und den kleingehackten Knoblauch sowie das Fleisch in eine Schüssel geben und gut durchrühren. Anschließend zur Seite stellen und marinieren lassen (mindestens zwei Stunden im Kühlschrank).

Das Gemüse (Tomate, Paprika, Zwiebel) klein schneiden und würfeln. Die Pilze waschen und in Scheiben schneiden (wenn sie aus der Dose kommen, sind sie meistens schon geschnitten).

Öl in der Pfanne erhitzen und das marinierte Fleisch gut darin durchbraten. Zwischendurch das Tomatenmark hinzugeben und unterrühren. Anschließend das Gemüse dazugeben und das Ganze zugedeckt für 10 Minuten bei mittlerer Hitze köcheln lassen.

Den halben Brühwürfel „einwerfen", das Wasser hinzuführen und das Ganze nochmal zugedeckt für 15 bis 20 Minuten köcheln lassen.

Etwas schärfer und authentischer wird es noch durch etwas Piri-Piri oder Semul.

Zubereitungszeit

30 Minuten (ohne das Marinieren)

Nährwerte pro Person:

386kcal | 19g Kohlenhydrate | 40g Fett | 14g Eiweiß
(errechnet mit Steinpilzen)

Einfache Möhrencreme-Suppe (V)

Halb Suppe, halb einfacher Eintopf.
Dieser One-Pot dient als sorgenfreier Genuss zwischendurch oder als Vorspeise, die dem Gaumen schmeichelt. Mit einer Kante guten Brotes oder mit einer Fleischeinlage eignet sie sich auch als herzhafte Mahlzeit.
Wenn man sie aber einfach hält ist sie auch für Vegetarier geeignet und genauso lecker!

Zutaten

- 1 mittelgroße Zwiebel
- ½ Liter Gemüsebrühe
- 75 ml Sahne
- 15g Kokosfett
- 5 normal große Möhren
- etwas frische Petersilie

Zubereitung

Zunächst die Zwiebeln und Möhren schälen. Die Zwiebel fein würfeln, die Möhren grob schneiden.

Das Kokosfett in einem Topf zerlassen und die Zwiebeln andünsten. Dann die Möhren hinzugeben, das Ganze mit der Gemüsebrühe und der Sahne auffüllen und etwa für 15 bis 20 Minuten kochen lassen. Die Möhren sollten nun angenehm weich sein.

Anschließend das Ganze mit einem Pürierstab zu einer dicken, cremigen Suppe pürieren und mit Salz sowie Pfeffer abschmecken.

Vor dem Servieren mit der Petersilie garnieren.

Guten Appetit!

Zubereitungszeit

30 Minuten

Nährwerte pro Person:

282kcal | 33g Kohlenhydrate | 12g Fett | 14g Eiweiß

Kraftvoller Linsen-Pott (V)

Ein einfacher, aber kraftvoller Eintopf, der auf Fleisch verzichten kann. Allerdings kann er gerne auch durch etwas angebratenen Speck verfeinert werden, wenn man nicht ohne Fleisch auskommen möchte.
So oder so bleibt er bodenständig, aber vollmundig.

Zutaten

- 1 Esslöffel Creme Fraiche
- 150 ml Gemüsebrühe
- ½ Möhre
- ½ Frühlingszwiebel
- ½ Lorbeerblatt
- 150g rote Linsen
- 1 ½ Esslöffel Butter
- ½ Liter Wasser
- ½ Zwiebel
- 1 Esslöffel Mehl

Zubereitung

Zu Beginn die Linsen in einem Sieb waschen und abtropfen lassen. Dann die Möhre schälen und klein schneiden. Nun die Zwiebel schälen und fein würfeln. Anschließend die Frühlingszwiebel längs halbieren und in feine, halbe Ringe schneiden.

Einen Teil der Butter in einem Topf erhitzen und die Zwiebeln darin andünsten. Das Wasser dazugeben und die Linsen hinzufügen und alles etwa 20 Minuten köcheln lassen (bis die Linsen weich sind). Anschließend den Inhalt in einem Sieb abtropfen lassen und zur Seite stellen.

Die restliche Butter zerlassen und unter schnellem Rühren das Mehl hinzugeben – sodass eine Mehlschwitze entsteht. Dann schnell die Brühe hinzugeben und verrühren, bis eine dickflüssige Suppe entsteht. Die Creme Fraiche und die Linsen hinzugeben und verrühren. Anschließend mit Salz und Pfeffer abschmecken.

Mit den Möhren garnieren und schmecken lassen.

Zubereitungszeit

30 Minuten

Nährwerte pro Person:

370kcal | 51g Kohlenhydrate | 8g Fett | 21g Eiweiß

Kürbis-Zucchini-Pott mit Hähnchenbrustfilet

Purer Genuss ohne Reue.
Dieses One Pot Gericht ist pfiffig in der Kombination der Zutaten und bringt das gewisse Etwas auf den Tisch. Leicht und sehr gut bekömmlich eignet es sich hervorragend als gesunde und vollwertige Mahlzeit.

Zutaten

- ½ Kürbis (z.B. Hokkaido)
- ½ Teelöffel getrockneter Majoran
- 150 ml Gemüsebrühe
- 1 kleine Zwiebel
- 1 kleine Zucchini
- 1 ½ Esslöffel Speiseöl
- 1 Knoblauchzehe
- 1 Prise Chilipulver
- 120g Hähnchenbrustfilet

Zubereitung

Beginnen Sie damit den Kürbis zu schälen, zu entkernen und in kleine Würfel zu schneiden. Nun dir Zucchini waschen und ebenfalls in Würfel schneiden. Die Zwiebeln und den Knoblauch schälen und klein hacken. Das Hähnchenbrustfilet gründlich waschen und ebenfalls in ansprechend große Stücke schneiden.

Öl in einem Topf erhitzen und die Zwiebeln und den Knoblauch glasig andünsten. Dann das Fleisch und die Zucchini hinzu geben und gut umrühren, gern beides auch etwas andünsten. Anschließend die Brühe einfüllen und den Majoran hinzugeben.

Das Ganze für etwa 20 Minuten bei mittlerer Hitze köcheln lassen. Achten Sie darauf, dass das Geflügelfleisch „durch" ist.

Nach der ersten Garzeit den Kürbis hinzufügen und erneut zugedeckt. 15 Minuten weiter köcheln lassen. (Vorsicht: Nicht zu lange, damit der Kürbis nicht zerfällt).

Zum Schluss das Ganze mit Salz und Pfeffer abschmecken.

Zubereitungszeit

45 Minuten

Nährwerte pro Person:

217kcal | 23g Kohlenhydrate | 5g Fett | 18g Eiweiß

Gurken-Pott mit Lachsfilet

Dieses One Pot Gericht ist einfach, sorgt aber bestimmt für den erwünschten Wow-Effekt. Gurke meets feinstes Lachsfilet – in einem Topf!
Eine fast gewagte Kombination, aber dafür sehr exquisit.

Zutaten

- 250g Lachsfilet (ohne Haut, gern auch tiefgekühlt)
- 1 Salatgurke (etwa 500g)
- 1 Schalotte
- 2 Esslöffel Speiseöl (kein Olivenöl)
- 125 ml Gemüsebrühe
- 125 ml saure Sahne
- 3 Stiele Dill
- 2 Esslöffel Anislikör (Wahlweise auch getrocknete Anissterne)
- 1 Spritzer Zitronensaft

Zubereitung

Zu Beginn die Schalotte schälen, halbieren und in hauchdünne halbe Ringe schneiden. Danach die Salatgurke waschen (eventuell auch schälen) und in etwa
1 x 1 cm große Würfel schneiden. Nun den Dill waschen und in kleine Röllchen schneiden. Im nächsten Schritt das Lachsfilet waschen, abtupfen und in mundgerechte Stücke schneiden.

1 Esslöffel Öl in einem Topf erhitzen und die Lachsstücke darin von allen Seite schön goldgelb anbraten. Anschließend heraus nehmen, leicht salzen und pfeffern. Gerne auch einen Spritzer Zitronensaft darüber geben.

1 Esslöffel Öl in den Topf geben und darin die Schalotten kurz andünsten.

Die Salatgurke dazu geben und ebenfalls kurz andünsten. Das Ganze anschließend mit dem Anislikör ablöschen (oder etwas Wasser und stattdessen Anissterne zuführen).

Anschließend die Gemüsebrühe und die saure Sahne dazugeben. Kurz aufkochen lassen und das Ganze für 4 Minuten bei kleiner Hitze köcheln lassen.

Danach den Lachs mit in den Topf geben und vorsichtig unterheben. Nochmal 2 Minuten köcheln lassen.

Vor dem Servieren das Ganze mit Salz und Pfeffer abschmecken und den Dill darüber streuen.

Zubereitungszeit

25 Minuten

Nährwerte pro Person:

305kcal | 23g Kohlenhydrate | 16g Fett | 27g Eiweiß

Impressum

In Zusammenarbeit mit:

Theodor Schäfer
c/o Papyrus Autoren-Club,
R.O.M. Logicware GmbH
Pettenkoferstr. 16 – 18
10247 Berlin

Verantwortung für den Druck:
Amazon Distribution GmbH, Leipzig

Jahr der Veröffentlichung: 2017

23592206R00067

Printed in Poland
by Amazon Fulfillment
Poland Sp. z o.o., Wrocław